ars vivendi

Veit Bronnenmeyer · Reinhard Weirauch

Der Ausflugs-Verführer Bierfranken

Ein ars vivendi Freizeitführer

Bildnachweis:
Pia Bergold: S. 27, 45, 63, 100, 138, 145, 170
Veit Bronnenmeyer: S. 35, 109, 114, 123, 129, 133, 153, 158, 175
Reinhard Weirauch: S. 15, 20, 50, 59, 69, 73, 78, 83, 89, 95, 105, 119, 165, 181

Bei der Realisierung dieses Buches ließen wir größtmögliche Sorgfalt walten. Falls dennoch Fakten falsch oder inzwischen überholt sein sollten, bedauern wir dies, können aber auf keinen Fall eine Haftung übernehmen. In einigen wenigen Fällen war es uns trotz intensiver Recherche nicht möglich, die Personenrechte zu klären – die Betroffenen möchten sich bitte im Verlag melden.

Erste Auflage 2008

www.arsvivendi.com

Umschlagfotografie: © Kirchgessner / laif
Lithografie: Reprostudio Harald Schmidt, Nürnberg
Satz: Christine Richert, www.typoholica.de
Karten: Ingenieurbüro Dieter Ohnmacht, Frittlingen
Lektorat: Annett Meyer
Druck: Bosch-Druck GmbH, Landshut
Printed in Germany

ISBN 978-3-89716-811-4

Inhalt

Vorwort

Liebe Bierwanderer,

mit dem Ausflugs-Verführer Bierfranken widmet sich der ars vivendi verlag einem lange überfälligen Thema in der Buchreihe. Franken ist nicht nur die Heimat des Verlages und der beiden Herausgeber, es ist auch die Region mit der größten Brauereidichte der Welt. Die Betriebe sind meist klein und konnten nur bis zum heutigen Tage überleben, weil sie in ihrem Ort beziehungsweise ihrer Gegend eine Nische besetzen, dazu noch eine Gastronomie unterhalten und in den meisten Fällen noch als Familienbetriebe geführt werden. Auf diesen kulturellen Reichtum können wir mit Recht stolz sein, sollten uns aber immer wieder vergegenwärtigen, dass die Zahl der Brauereien auch in Franken stetig weiter sinkt. Die Insel der Glückseligen, auf der wir zurzeit noch leben, könnte infolge des globalen Verdrängungswettbewerbes und des bedrohten sozialen Lebens in den ländlichen Räumen in nicht allzu ferner Zukunft vom Industriebier großer Konzerne überschwemmt werden.

Daher ist es den Herausgebern ein Anliegen, das Angebot kleiner und mittlerer Brauereien bekannt zu machen und so einen bescheidenen Beitrag zum Erhalt eines authentischen fränkischen Kulturschatzes zu leisten. Dies mit reizvollen Wander- und Radtouren zu verbinden, ist angesichts der dazugehörigen Landschaft naheliegend. Wir haben vom kurzen Spaziergang bis zur Ganztagestour für jeden Geschmack etwas zu bieten und sind selbstverständlich jede einzelne Tour persönlich abgewandert bzw. -geradelt. Die Touren sind über alle drei fränkischen Regierungsbezirke verteilt. Ein gewisser Schwerpunkt liegt in Oberfranken, da hier die meisten Brauereien zu finden sind. Dabei wollten wir die Touren ausdrücklich nicht auf die Fränkische Schweiz begrenzen, da es sich auch andernorts sehr gut wandern und Biertrinken lässt. Somit bleibt Ihnen, liebe Leser/-innen, zwischen dem Fränkischen Seenland und dem Staffelberg, zwischen dem Steigerwald und der Frankenalb eine Auswahl von dreißig Zielen, die allesamt einen Ausflug lohnen. Mitunter finden sich zahlreiche weitere Attraktionen am Wegesrand, mitunter ist das Bier, welches wir uns am Ende einer (langen) Tour schmecken lassen, die größte Attraktion. Bis auf wenige Ausnahmen wurden nur Brauereigaststätten als Einkehrtipps genannt. Sie verkosten das Bier also gleich dort, wo es auch gebraut wird. Oft steht der Braumeister selbst am Zapfhahn und steht für Detailfragen zur Verfügung. Brauereiführungen sind in den meisten Fällen möglich, müssen aber vorher terminiert werden. Wer die raue Herzlichkeit fränkischer Gastronomen nicht scheut, kann es aber auch gerne mal spontan probieren.

Abschließend sei noch darauf hingewiesen, dass wir auch Ziele aufgenommen haben, die leider nicht bzw. nur sehr schwer mit öffentlichen Verkehrsmitteln zu erreichen sind. Dies wurde notwendig, weil wir nicht nur die hinlänglich bekannten Adressen abwandern, sondern auch den einen oder anderen Geheimtipp verraten wollten. Trotz der gewissenhaften Tourenbeschreibung und der eigenen Kartenskizze empfehlen wir, bei jeder Tour eine eigene Wanderkarte dabei zu haben. Vom Weg abkommen kann man immer, zumal die Markierungen in bestimmten Gebieten doch sehr zu wünschen übrig lassen. In einigen Fällen leistet die Karte schon bei der Anfahrt gute Dienste.

Wir hoffen, dass Ihnen die Auswahl der Touren zusagt, das Bier schmeckt, und wünschen viel Freude mit dem Ausflugs-Verführer Bierfranken.

Veit Bronnenmeyer und Reinhard Weirauch

Schweinfurt
Königsberg i. Bayern
Staffelstein
1 Vierzehnheiligen
Main
Kulmbach
Gefrees
Schonungen
Haßfurt
B279
B4
B173
Wallersberg
Thurnau
B85
A9
B303
B26
Zeil a. M.
18
Gochsheim
A70
Breiten-güßbach
Würgau
Steinfeld
A70
Neudrossen-feld
B2
Goldkronach
Baunach
B85
Wonsees
19
2
3
B286
Sulzheim
Eltmann
Scheßlitz
B22
Bayreuth
Hollfeld
Weidenberg
Gerolzhofen
Bamberg
5 Schammelsdorf
Aufseß
Mistelbach
Volkach
4
Ober-leinleiter
6
7
Speichersdorf
20 Theinheim
8 Nankendorf
B22
Neuses a. S.
Ebrach
Main
Friesen
11
Heiligen-stadt
Burgwindheim
Burgebrach
Creußen
Neustadt
Wiesentheid
B22
Hirschaid
9 Oberailsfeld
Pommersfelden
A73
Weigelshofen
A3
B505
12
Kirchehren-bach
Pottenstein
Schlüsselfeld
21
17
10
B470
Pegnitz
Burghaslach
Forchheim
14
15 Unterzaunsbach
Eschenbach
B8
13
Michelfeld
Mainbernheim
Höchstadt
B470
16 Egloffstein
Grafenwöhr
Uehlfeld
Aisch
22
Effeltrich
Auerbach i. d. O.
Markt Bibart
Heßdorf
Pegnitz
Hiltpoltstein
Neuhaus a. d. P.
Neustadt a. d. Aisch
Gräfenberg
29
Ippesheim
Erlangen
Pegnitz
Vilseck
Herbolzheim
23
Herzogenaurach
A3
Schnaittach
28
Kalchreuth
Uffenheim
B470
Ipsheim
B85
Gebenbach
Heroldsberg
Markt Erlbach
B8
Langenzenn
Hersbruck
B13
B14
A7
Fürth
Lauf a. d. P.
B14
Sulzbach-Rosenberg
Bad Windsheim
25
Burgbernheim
Cadolzburg
30
27 Leinburg
Alfeld
Unternbibert
24
Großhabersdorf
Zirndorf
Nürnberg
A3
Amberg
Rügland
Bruckberg
Roßtal
Feucht
Altdorf
Schwend
Rothenburg o. d. Tauber
Lehrberg
Heilsbronn
Rohr
B2
A6
A6
Schwarzenbruck
Leutershausen
Ansbach
B14
Schwabach
Wendel-stein
Ensdorf
B8
Neumarkt i. d. Oberpf.
Schillingsfürst
B13
Neuendettelsau
A9
Hohenburg
Roth
Burgoberbach
Windsbach
Allersberg
A6
Aurach
26
Velburg
Herrieden
Abenberg
Berngau
Wolframs-Eschenbach
Hohenfels
Vils
Georgensgmünd
Hilpoltstein
Feuchtwangen
Freystadt
Mühlhausen
Bechhofen
Spalt
Ornbau
Röttenbach
Parsberg
Schopfloch
A7
Burk
Gunzenhausen
Pleinfeld
Laibstadt
Berching
Beratzhausen
Dinkelsbühl
Thalmässing
Breitenbrunn
Unterasbach
A3
Ellingen
Großhöbing
Greding
Hemau
Wassertrüdingen
Markt Berolzheim
Weißenburg
Beilngries
Wört
Wilburgstetten
Wörnitz
Dietfurt
B8
Raitenbuch
Kinding
Gundlfing
Fremdingen
Painten
N
Wachenzell
Treuchtlingen
B13
Riedenburg
Kipfenberg
Oettingen i. B.
Pappenheim
0
5
10 km
Denkendorf
Polsingen
Kelheim
Altmühl
B2
Eichstätt
A9

1. Vierzehnheiligen und der Staffelberg
2. Kulinarisch erstklassige Rundwanderung ab Würgau über den Gügel
3. Von Steinfeld über Königsfeld nach Huppendorf
4. Spaziergang durch Bamberg
5. Von Schammelsdorf über den Ellerberg und durch das Ellertal
6. Wanderung von Oberleinleiter in ein Trockental mit Hungerquelle und schnell zurück
7. Brauereienwanderung rund um Unteraufseß
8. Von Nankendorf über Waischenfeld nach Breitenlesau
9. Wanderrunde durch die Fränkische Schweiz ab Oberailsfeld
10. Wanderung um Pottenstein
11. Flugsport hautnah bei einer Wanderung auf die Friesener Warte
12. Wanderrunde von Weigelshofen zum Schwarzen Keller
13. Wanderung von der Kaiserpfalz Forchheim zum Kreuzberg
14. Von Kirchehrenbach über das Walberla und den Rodenstein nach Leutenbach
15. Kurze Wanderung von Unterzaunsbach nach Hetzelsdorf und Hundshaupten
16. Durch das romantische Todtsfeldtal
17. Spaziergang durch den Garten von Schloss Weißenstein mit Abstecher nach Sambach
18. Wanderung rund um Zeil am Main
19. Grenzüberschreitende Wanderung von Eltmann nach Sand am Main
20. Gemütliche Tour im nördlichen Steigerwald um Rauhenebrach-Theinheim
21. Geografisch bedeutsame Tour rund um Schlüsselfeld
22. Kurze Tour rund um Uehlfeld
23. Ganztagestour von Neustadt/Aisch nach Bad Windsheim
24. Ausgedehnter Spaziergang rund um Unternbibert
25. Lange Radtour von Fürth nach Bruckberg
26. Radtour von Roth nach Spalt, zurück über Abenberg
27. Wanderung von Leinburg auf den Moritzberg
28. Rundwanderung von Schnaittach zur Festung Rothenberg und zum Glatzenstein
29. Anspruchsvolle Tour rund um Neuhaus/Pegnitz
30. Spaziergang durch Nürnberg mit vielen Einkehrmöglichkeiten

1 Wallfahrt zum Trunk

Tour: Bekannte fränkische Wahrzeichen in einer bequemen Wanderung von Bad Staffelstein auf den Staffelberg und zurück.
Länge: Ca. 10 km.
Dauer: Reine Gehzeit ca. 3 Std.
Höhenunterschied: Ca. 150 m.
Markierungen: Bis zum Staffelberg blaues M, danach nicht einheitlich markiert.
Familie: Den »heiligen Berg der Franken« und die berühmte Wallfahrtskirche kann man nicht früh genug kennen lernen. Die ganze Strecke ist, bis auf kurze Anstiege, bequem.
Saison: Das ganze Jahr über interessant. Im Winter, wenn es früh dunkel wird, ist ein Besuch der nahen Therme in Bad Staffelstein mit ihrem warmen Außenbecken ein schöner Abschluss der Wanderung und gerade das Richtige vor dem Abendessen.
Besonderheiten: Nehmen Sie sich Zeit für die Kirche und den Staffelberg. Die Wanderung ist recht kurz und ein Verweilen lohnt.
Anfahrt: Am besten mit *Kfz:* Über die B 173, dann Ausfahrt Staffelstein/Nord.

Geschichtsträchtige Wallfahrtskirche

Die Wallfahrtskirche Vierzehnheiligen bildet mit dem Kloster Banz die Goldene Pforte Frankens. Beide Bauwerke westlich und östlich des Mains strahlen von der Höhe hinab ins Tal. Unsere Wanderung beginnt bei Frankens bedeutendstem und ebenso schönem Wallfahrtsziel, der Wallfahrtskirche Vierzehnheiligen.

Vom Parkplatz am Ortseingang von Staffelstein aus ist es nur ein kurzer Fußweg bergan zur ersten deutschen Kirche, die vom Papst 1897 zu einer Basilica minor erhoben wurde. Einem Schäfer war auf dem Hügel, auf dem heute die Kirche steht, ab 1445 in mehreren Jahren das Jesuskind erschienen, worauf eine schwerkranke Magd zur Erscheinungsstelle gebracht und so geheilt wurde. Sofort setzte die Wallfahrt ein, und eine angemessene Kirche wurde errichtet. Bereits 1448 wurde der Altar geweiht.

Tausende – unter ihnen höchste Würdenträger und auch Albrecht Dürer mit Gattin – wallfahrten seither zur Kirche Vierzehnheiligen und dem Gnadenaltar mit den 14 Nothelfern Achatius, Ägidius, Barbara, Blasius, Christophorus, Cyriacus, Dionysius, Erasmus, Eustachius, Georg, Katharina, Margareta, Pantaleon und Vitus (Veit). Übrigens lautet die Eselsbrücke zum besseren Erkennen der weiblichen Nothelfer an ihren Attributen in Franken: »Barbara mit dem Turm, Margareta mit dem Wurm, Katharina mit dem Radl – das sind die heiligen drei Madl.«

Auch wenn Vierzehnheiligen im Laufe der Zeit mehrmals zerstört wurde, war das doch stets nur Anlass, sie größer und wehrhafter wieder zu errichten. Ihre heutige Gestalt gab ihr Frankens bedeutendster Baumeister Balthasar Neumann. Bis heute blüht rund um die Kirche das Geschäft und bis heute gibt es Wunderberichte.

Natürlich ist ein Besuch obligatorisch, ehe wir zwischen Kirche und dem florierenden Devotionalienhandel hindurch bis zur Brauerei Trunk gehen. Hinter der Brauerei führt ein

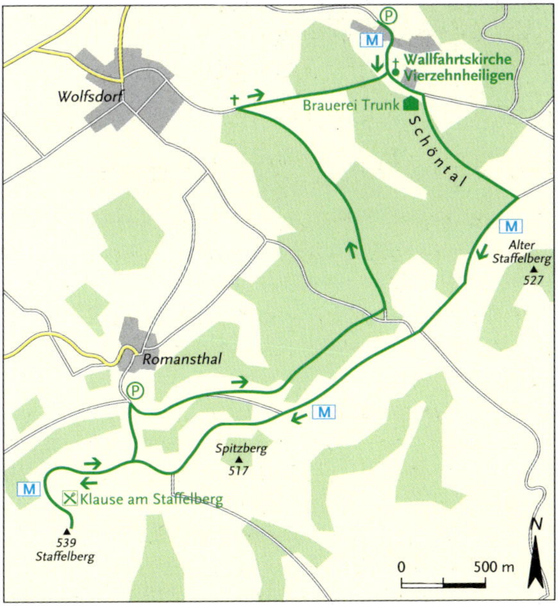

Weg bestens ausgeschildert nach rechts hinauf. Ihm folgen wir, halten uns an einer Weggabelung links und steigen weiter an, bis wir auf einen geschotterten Weg treffen. Hier biegen wir nach rechts ab und bleiben nun bequem auf dem Bergsattel.

Kurz vor dem steilen Anstieg, ehe wir das Hochplateau des Staffelbergs erreichen, merken wir uns eine Rechtsabzweigung Richtung Romannsthal. Zunächst jedoch gehen wir kurz, aber steil bergan auf den Staffelberg.

Der »heilige Berg der Franken«

Seit mehr als 6 000 Jahren ist dieses Hochplateau besiedelt. Einige Informationstafeln geben genauere Auskunft. Inzwischen geht die Forschung davon aus, dass sich hier die bedeutende keltische Stadt »Menosgada« befunden hat, die etwa um Christi Geburt unterging. Auch heute ist der Staffelberg besiedelt: Eine kleine Gastwirtschaft bietet alles Nötige (übrigens in guter Qualität), um den Ausblick zu genießen. Eine Runde um das Hochplateau ist überaus lohnend. Wir kehren gut durchlüftet auf gleichem Weg zu unserer Abzweigung zurück und gehen nun nach rechts bergab. Noch ehe wir Romannsthal erreichen, zweigt der Weg an einem Wanderparkplatz in spitzem Winkel nach rechts ab. Nach weiteren 600 Metern wählen wir an einer Gabelung den linken Weg und wandern von nun an auf einem bequemen Pfad, von dem sich immer wieder wunderbare Blicke ins Schöntal und auf die gegenüberliegende Wallfahrtskirche Vierzehnheiligen eröffnen. Auch das Brauereigebäude ist gegen Ende gut zu sehen, appetitanregend, wenn auch baulich weniger attraktiv. Schließlich kommt Wolfsdorf in Sicht. Wir aber biegen erneut bereits vor dem Ort an einem Kruzifix in spitzem Winkel rechts ab und halten uns nun geradeaus. Der Weg tritt in den Wald ein und verengt sich, auf Treppenstufen gelangen wir schließlich zurück nach Vierzehnheiligen.

Wallfahrtsverköstigung

Die Brauerei Trunk tut sich leicht. Das ganze Jahr über werden wallfahrende Kunden nach entbehrungsreichen Busfahrten direkt vor der Haustüre abgeladen. Dazu kommt eine erhebliche Schar Kunstinteressierter, und die ausgehungerten Wanderer strömen vom Staffelberg herunter. Eigentlich müsste sich

Vierzehnheiligen an einem klaren Wintertag

die Brauerei keine große Mühe geben, um ihr Bier zu verkaufen, tut es aber offensichtlich dennoch. Denn alle angebotenen Sorten sind schmackhaft, insbesondere der dunkle »Nothelfer-Trunk« (wie sonst?) und der »Weihnachtsbock« munden. Auch das »Erntebier« ist gut und etwas anders gebraut. Es wird aus drei Malzsorten (Gerste, Roggen, Weizen) hergestellt. Sogar die Preise sind für die prominente Lage moderat, obwohl ganz sicher nicht nur Bettelmönche in der Gaststube sitzen. Die Anstrengungen in Küche und Service sind allerdings auf das schnelle Geschäft ausgelegt. Wenn man weiß, dass im Wald um Vierzehnheiligen viel Bärlauch steht, wünscht man sich etwas mehr Kreativität in der Küche, die über eine solide Brotzeit nicht hinauskommt.

Wo aber kann man sonst so effektiv Trost von höchster Stelle und Linderung durch Biergenuss erhalten? Nirgends, denn die Brauerei Trunk ist die einzige Brauerei an einem Wallfahrtsort. Amen.

Das Bier:

Brauerei Trunk (alte Klosterbrauerei), Vierzehnheiligen 3, 96231 Staffelstein, Tel. 0 95 73/34 88, tägl. 10.00–20.00 (Brotzeiten bis 19.00). Nothelfer Trunk Export dunkel, Nothelfer Pils, Nothelfer Erntebier.

Klause am Staffelberg, Apr–Okt, 10.00–22.00, So, Fei ab 9.00, Di Ruhetag, Küche bis 21.00.

Reinhard Weirauch

Informationen:

Kurverwaltung Bad Staffelstein, Bahnhofstraße 1, 96231 Bad Staffelstein, Tel. 0 95 73/3 31 20.

Vierzehnheiligen, Sommer ca. 6.30–19.00, Winter ca. 7.00 bis zum Einbruch der Dunkelheit, Führungen nur nach Anmeldung, Tel. 0 95 71/9 50 80.

Extras:

Obermain Therme in Bad Staffelstein, Am Kurpark 1, 96231 Bad Staffelstein, Tel. 0 95 73/9 61 90, www.obermaintherme.de

Karte:

Fritsch Wanderkarte Nr. 65, Naturpark Fränkische Schweiz, Blatt Nord.

Gügel, Giech und gut gegessen

2

Tour: Rundwanderung ab Würgau über den Gügel und zur Giechburg.

Länge: Ca. 15 km.

Dauer: Reine Gehzeit ca. 4–5 Std.

Höhenunterschied: Ca. 250 m.

Markierungen: Rotes Andreaskreuz bis Demmelsdorf, gelbes Kreuz bis Scheßlitz, MD bis Gügel, gelber Querstrich bis Ludwag, unmarkiert bis Kübelstein, blaues Dreieck bis Würgau.

Familie: Gügel und Giechburg eignen sich bestens zum Ritterspielen. Die Wanderung ist für sehr kurze Beine sicher etwas zu weit und insgesamt nicht kinderwagengerecht.

Saison: Das ganze Jahr über reizvoll, besonders schön im Herbst.

Besonderheiten: Die Tour eignet sich wegen ihrer Höhepunkte ausgezeichnet für einen Ganztagesausflug. In Scheßlitz, auf der Giechburg und dem Gügel lässt sich neben einer Besichtigung auch ganz vortrefflich die Zeit verbummeln.

Variante: Die Wanderung ab Scheßlitz bis Ludwag wie beschrieben, dann mit dem gelben Kreuz über Demmelsdorf zurück (nur ca. 10 km).

Anfahrt: Am besten mit *Kfz*: Über die A70, Abfahrt Scheßlitz und die B22 bis Würgau.

Von Würgau nach Demmelsdorf

Start und Ziel ist der Brauereigasthof Hartmann in Würgau, der natürlich fränkische Biere bietet, vor allem aber über eine ausgezeichnete Speisekarte verfügt. Wir spazieren zwischen dem Gasthof und dem Biergarten hindurch. Nach wenigen Metern führt ein geschotterter Weg – gekennzeichnet mit dem roten Andreaskreuz – nach rechts, der schon bald in einen gepflasterten Forstweg übergeht.

Wenig später tauchen wir in den Wald ein und halten die Richtung, wenn von rechts ein Schotterweg zu uns stößt. Das rote Andreaskreuz begleitet uns. Noch bevor der Weg in einer Linkskurve ansteigt, zweigt nach rechts ein Weg ab, dem wir folgen. Zunächst ist keine Markierung zu sehen, später aber entdecken wir wiederum unser rotes Andreaskreuz.

Wir wandern leicht bergab durch herrlichen Buchenwald, den wir am Ortsrand von Demmelsdorf verlassen. Dann sehen wir auch schon Scheßlitz vor uns liegen. Demmelsdorf war bis zur Zeit des Nationalsozialismus eine bedeutende jüdische Gemeinde. Bekannt ist der jüdische Friedhof zwischen Demmelsdorf und Zeckendorf aus dem 17. Jahrhundert. Über 600 Grabsteine sind erhalten und legen eindrucksvoll Zeugnis vom jüdischen Leben in Oberfranken ab.

An der ersten geteerten Straße geht bald schon ein geschotterter Weg rechts ab, den wir einschlagen und am Ortsrand Richtung Scheßlitz entlanggehen. Hinter einem größeren Wirtschaftsgebäude öffnet sich der Blick auf die Giechburg und das Kirchlein auf dem Gügel, das wir später besuchen werden.

Der Weg führt uns durch den schönen Ortskern mit blühenden Bauerngärten. Aus dem Ort hinaus gehen wir dann auf dem Radweg entlang der kleinen Landstraße nach Scheßlitz. Durch das Neubaugebiet kommen wir an eine größere Straße, der wir kurz nach rechts folgen. Schon nach wenigen Metern geht der Weg mit dem blauen MD des Main-Donau-Weges nach links bergauf weiter. Achtung: Die Markierungen sind schwer zu entdecken. Bei Hausnummer 50 finden wir unseren Weg.

Sehenswertes in Scheßlitz

Doch ein Abstecher in den alten Ortskern von Scheßlitz lohnt sich. Die Stadt blickt auf 1200 Jahre Geschichte zurück. Statt nach links bergauf zu gehen, nehmen wir also die nächste Möglichkeit nach rechts und erreichen die Pfarrkirche St. Kilian. Um 1400 entstand der Chor (Inschrift von 1449 an der Südwand), 1571 der Turm (Jahreszahl am dritten Stockwerk). Das Stadtbild aber prägen Fachwerkbauten. Besonders prachtvoll ist das Dillighaus (Hauptstraße 33) mit seinem durchlaufenden Holzbilderfries aus 15 Eichentafeln. Die geschnitzte Ornamentik zeigt Tierplastiken, Früchtebänder, Fratzengesichter und Fantasiegestalten. Als ehemalige Zunftkneipe der Brauer wird das Dillighaus seit 1997 wieder für die Gastronomie genutzt, wenn auch ohne eigene Brauerei. Viele weitere Gebäude an der Hauptstraße (Nummern 11, 18, 19, 34, 39) zeigen zum Teil typisch fränkische Fachwerkarchitektur. Straßennamen in Scheßlitz und den umgebenden Gemeinden (Weinleite, Weinberg oder die Ortschaft Weingarten) weisen noch auf eine weitere Besonderheit der Stadt hin. Hier, mitten in »Bierfranken«, wurde auf etwas über 45 Hektar Wein angebaut. Die Scheßlitzer Weinstube, in der ehemaligen Stadtmühle eingerichtet, holt diese Geschichte in die Gegenwart. Heute sind in Scheßlitz und Umgebung natürlich auch die Brauereien dominierend. Die bekannteste der Stadt ist der Brauereigasthof Barth-Senger. Das dunkle Vollbier wird ausschließlich hier ausgeschenkt und ist ausgezeichnet. Allerdings wird keine warme Küche angeboten.

Richtung Giechburg

Zurück an der oben beschriebenen Hausnummer 50 gehen wir den Frankenweg bergan und müssen, trotz Beschilderung mit dem blauen MD, etwas aufpassen: Denn die zweite Straße geht es nach links. Die Markierungen sind auf den ersten Blick nicht

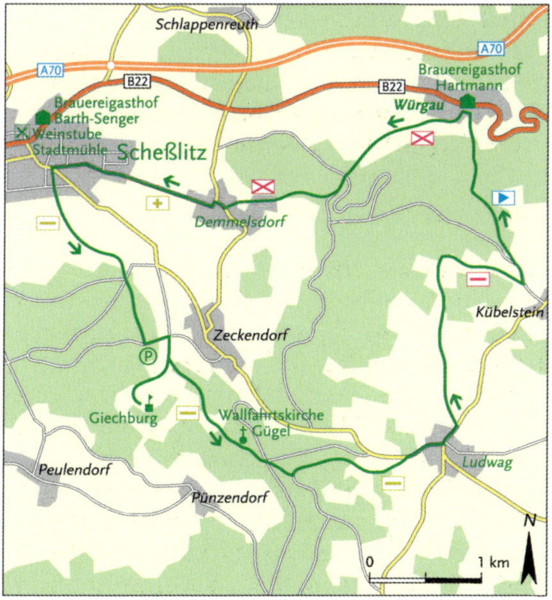

Blick von Scheßlitz zur Giechburg

ganz eindeutig, zumal geradeaus verheißungsvoll der Gügelweg weitergeht. Und erneut kurz aufgepasst: dem ersten Sträßchen, dem Andechsweg, dann nach rechts folgen.

Nun kommen wir auf einen Wiesenweg und laufen auf die für uns nun sichtbare Giechburg zu. Wir queren eine gepflasterte Forststraße. Unter einer alten Linde steht eine kleine Kapelle. Der Weg senkt sich ins Tal und führt uns über einen Bach.

Am Sportplatz folgen wir dem geschotterten Weg nach links. Eine Stromleitung rückt an den Weg heran und – nochmals gut aufpassen – ehe der Weg die Stromleitung unterquert, geht es direkt am Mast vorbei nach rechts. Sofort wenden wir uns am Waldrand entlang nach links. Nun sind die Wanderzeichen wieder einfach zu finden. Nach etwa 250 Metern führt der Weg in den Wald hinein. Wir steigen Richtung Giechburg an.

Schließlich erreichen wir einen großen Wanderparkplatz. Die Straße führt hinauf zur Giechburg, auch das ein Abstecher, der lohnt.

Wallfahrtskirche auf dem Gügel

Wir überqueren die Straße und steigen einen Kreuzweg hinauf. Aus dem Wald kommend wenden wir uns – wenn wir den Sattel erreicht haben – nach links. Mit Gügel wird sowohl der Berg als auch die Kirche bezeichnet, die eigentlich St. Pankratius heißt. Der Name des Ritterpatrons verrät es: Einst stand hier eine Burg. Steil geht es nun bergan durch Laubwald, plötzlich steht man in freier Lage, über schroffen Felsen und vor den mächtigen Stützmauern der Wallfahrtskirche. 1618 erbaut, ist die Gügelkirche sichtbares Wahrzeichen des Juralandes bei Bamberg. Spannend ist es, die Kirche durch den Seiteneingang und die Lourdesgrotte (Ende 19. Jahrhundert) zu betreten. Von hier führen in den Fels gehauene Treppen zur halben Höhe des Choranbaus und dann im Halbdunkel des Inneren weiter hinauf durch die Sakristei in die Kirche selbst. Das Altarbild zeigt die Himmelfahrt Mariä, im Hintergrund sieht man Gügel, Giech und die Stadt Bamberg. Auch rasten lässt es sich im Biergarten an der Kirche wunderbar.

Krippenholz, Adelsholz, Herrnholz – waldreicher Rückweg

Wegweiser zeigen uns beim Biergarten den Weg Richtung Ludwag. Kurz darauf folgen wir der Teerstraße bergab und treffen auf einen Kreuzungsstern. Ein herrlicher Waldpfad – mit MD und Gelbstrich markiert – steigt von hier bergan. Trotz der Schönheit des Weges muss man etwas aufpassen: Dem ersten größeren Weg folgen wir nach links, auch wenn die Markierungen geradeaus weiterführen. Unmarkiert – auch wenn die Wanderkarte die Markierung Gelbstrich vorsieht – führt der Weg auf Ludwag zu. Dort halten wir uns an der Kirche links und gehen in die Kübelsteiner Straße. Das Gelbkreuz weist uns kurz darauf links vorbei an einem Busunternehmen aus dem Ort. An einem Kruzifix nehmen wir den rechten, unmarkierten, gepflasterten Weg und wandern einen guten Kilometer durch Felder und Flure. Dann stoßen wir auf den roten Querstrich, dem wir nach rechts folgen und uns Kübelstein nähern. Kurz vor dem Ort weist uns das blaue Dreieck nach links. Wir halten uns bei allen folgenden Abzweigungen jeweils links, bis wir schließlich hinter einem Strommast scharf rechts abbiegen.

Nun geht es einen Waldpfad an einem Bächlein entlang bergab. In Würgau stoßen wir schließlich wieder direkt auf den Brauereigasthof Hartmann.

Schäufele mit zwei Soßen

Im Brauereigasthof Hartmann lässt es sich ausgezeichnet essen. Die große Karte mit saisonaler Orientierung bietet reichlich Auswahl, insbesondere Wildspezialitäten. Hier wird die fränkische Küche ebenso traditionell wie gekonnt verfeinert. Zum Schäufele gibt es eine Pilz- und eine Bratensoße, die Salate sind frisch und das Dressing wird mit Balsamico zubereitet. Die Qualität lässt sich an den Beilagen ohnehin immer besonders gut messen, und der Wirsing, den man hier bekommt, ist schlicht wunderbar. Die Biere sind vielfältig und gut, ohne besonders aufzufallen: Kellerbier, Schwarzbier, Pils, ein helles Vollbier und ein Weißbier braut die Brauerei Hartmann. Nicht ganz billig, aber ausgesprochen gut ist der Bierbrand.

Das Bier:

Brauereigasthof Hartmann, Fränkische-Schweiz-Straße 26, 96110 Würgau, Tel. 0 95 42/92 03 00, Mo–So 8.00–24.00, Di Ruhetag. Die Brauerei Hartmann gewährt auch einen Blick hinter die Kulissen. Termine kann man unter Tel. 0 95 42/92 03 05 vereinbaren. Kellerbier, Schwarzbier, Pils, helles Vollbier, Weißbier.

Weinstube Stadtmühle, Hauptstraße 38, 96110 Scheßlitz, Tel. 0 95 42/7 00 35, Di–Sa 19.00–24.00, So und Mo Ruhetag.

Brauereigasthof Barth-Senger, Oberend 11, 96110 Scheßlitz, Tel. 0 95 42/10 64, Di–So 9.00–24.00, Mo Ruhetag. Dunkles Vollbier.

Reinhard Weirauch

Informationen:

Bamberg Tourismus & Kongress Service, Geyerswörthstraße 3, 96047 Bamberg, Tel. 09 51/2 97 62 00, Mo–Fr 9.30–18.00, Sa 9.30–14.30.

Karte:

Fritsch Wanderkarte Nr. 66, Bamberg/Forchheim.

Franken de Luxe

Einfach ist die fränkische Küche, deftig, übersichtlich und vor allem reichhaltig. Mit dem Ausdruck »Kniedla wäi a Dunner« (Klöße wie ein Donner) preisen die Servicekräfte der Gastronomie – meist mit dem Wirt verwandt – hierzulande ihr Essen an. Das sagt diesbezüglich alles. Und doch auch nichts. Denn es existiert trotzdem eine ausgeprägte »Küchenphilosophie« in Franken. Dass das Schäufele rösch sein muss und das Fleisch sich leicht vom Knochen lösen muss, ist die einzige gemeinsame Basis. Danach wird es komplizierter: Die Soße klar oder gebunden? Kümmel? Gar Rosmarin? Natürlich Majoran. Beim Kartoffelsalat, der wichtigsten Beilage zu so zentralen Nahrungsmitteln wie Karpfen und Bratwurst, ist die Sache schließlich so vielgestaltig, dass jede Diskussion im Nichts oder im Streit endet. Grundsätzlich ist der Leitsatz »Je mehr Großmütter in der Küche arbeiten, desto besser das Essen« absolut richtig und wichtiger Orientierungspunkt.

Das ist natürlich irgendwie putzig, es beweist aber noch etwas anderes: Die fränkische Küche hat Potenzial. Ein Potenzial, das, wird es gekonnt genutzt, zu einem Festessen wird. Allzu viele Beispiele gibt es zwar unter den Brauereigasthöfen nicht, aber eben doch einige, die sich streng regional orientieren und aus den jahreszeitlichen fränkischen Klassikern Wirsing, Karpfen, Spargel, Kirschen, Salat und Gemüse, Kren, Pilze, Wild und Wein eine ausgezeichnete Küche in vielfältigen Variationen anbieten – alles Standard-Ingredienzien der fränkischen Küche, aber eben kulinarisch-kreativ verarbeitet. Da gibt es dann das Schäufele mit einer Braten- und einer Pilzsoße und mit Preiselbeeren, Frühlingszwiebeln und Pfifferlingen. Oder eine Karpfensülze, Wildschwein mit Pflaumensoße, gebackene Forellen auf Tomaten-Zitronenbett oder ein Zicklein, gemeinsam mit einer Hand von frischem Heu in Alufolie gegart: Klingt mutig und ist sehr, sehr lecker! Und auch hier gibt es gerne einen Kloß dazu.

Das Erstaunliche und Erfreuliche ist: Traditionelle fränkische Rezepte und die regionalen Zutaten geben eine solch außergewöhnlich fantasievolle Küche her.

Halten Sie Ausschau nach Salaten der Saison in Weißbierdressing und Koteletts in Silvaner gedünstet mit einer Zwiebelmarmelade. Es lohnt sich!

Reinhard Weirauch

3 Zwei Wasser, zwei Bier

Tour: Rundwanderung in der nördlichen Fränkischen Schweiz von Steinfeld nach Huppendorf, vorbei an der Wiesent- und Aufseßquelle.
Länge: Ca. 15 km.
Dauer: Reine Gehzeit ca. 4 Std.
Höhenunterschied: Ca. 80 m, keine nennenswerten Anstiege.
Markierungen: Roter Ring, schwarzer Ring.
Familie: Wegen der Länge für kleine Kinder eher ungeeignet, für größere gibt es im Wald und an Wegesrändern im Herbst jedoch viel zu entdecken (Pilze, Beeren, evtl. Wildtiere).
Saison: Ganzjährig möglich, besonders schön im Herbst.
Anfahrt: Am besten mit *Kfz*: Über die A 73 zum Kreuz Bamberg, dann auf die A 70 Richtung Bayreuth, Ausfahrt Rossdorf am Berg, über Hohenhäusling nach Steinfeld.

Der Ursprung der Wiesent

Wir starten die Tour beim Brauereigasthof Hübner in Steinfeld. Etwa 100 Meter weiter in westlicher Richtung gleich hinter der Dorfstraße finden wir die Wiesentquelle. Hier, im dünn besiedelten nördlichen Teil der Fränkischen Schweiz, entspringt eher unspektakulär die Wiesent, die später zum Hauptfluss der Fränkischen Schweiz wird und ab Waischenfeld auch Kanu- und Kajakfreuden ermöglicht. Die Wiesent ist von der Quelle bis zur Mündung 78 Kilometer lang. Sie fließt über Hollfeld, Waischenfeld, Pottenstein und Ebermannstadt bis nach Forchheim, wo sie in die Regnitz mündet. Wir gehen nun auf der Hauptstraße zurück und in östlicher Richtung aus dem Ort hinaus. Die Markierung roter Ring ist ab hier ausschlaggebend, aber leider nicht immer verlässlich sichtbar. Kurz nach der Abzweigung der Autostraße nach Königsfeld weist die Markierung nach rechts in einen kleinen Weg. Wir überqueren den noch bescheiden dahinplätschernden Fluss und gehen rechts entlang, bis wir den nächsten Ortsteil erreichen. Jetzt aufgepasst: Gleich nach dem ersten kleinen Bauernhof führt eine Teerstraße rechts leicht bergauf. Die Markierung ist hier evtl. nicht sichtbar, weil um den betreffenden Baum Holz aufgeschichtet wurde (beim Gasthof Keller ist man schon zu weit). Wir gehen diese Straße entlang und verlassen kurz darauf den Ort. Auf dem Wirtschaftsweg gehen wir am Waldrand entlang, neben dem roten Ring ist nun auch der grüne Querstrich markiert. Dieser trennt sich kurz darauf links wieder von uns, während wir weiter geradeaus dem roten Ring folgen. Recht abwechslungsreich geht es nun durch Waldstücke, Felder und Wiesen. Schließlich geht der Weg in einen schwach ausgeprägten Wiesenweg über. In der Mitte der Wiese haben sich eine Kiefer und eine Eiche zu einem bemerkenswerten Duett gefunden. Am Ende gehen wir kurz rechts und gleich wieder links am Waldrand entlang. Die Markierung befindet sich erst ein Stück weiter ziemlich zugewachsen an einer Birke. Kurz darauf vereint sich unser Weg mit der Markierung blauer Punkt. Nach weiteren ca. eineinhalb Kilometern erreichen wir Königsfeld.

Der Ursprung der Aufseß

Königsfeld wurde bereits im 9. Jahrhundert als karolingischer »Chunigeshofen in den Bergen gegen Böhmen zu« erwähnt.

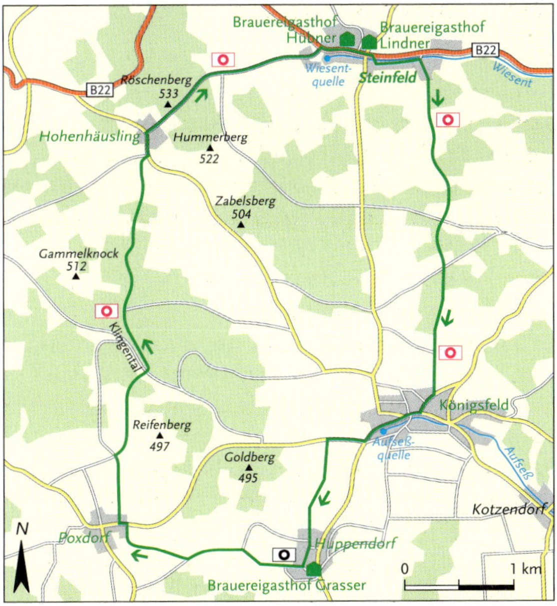

1008 schenkte es Kaiser Heinrich dem Bistum Bamberg. Im 14. Jahrhundert fiel es an die Herren von Aufseß. Vom verheerenden Einfluss des Dreißigjährigen Krieges hat sich die Bevölkerungszahl des Ortes bis heute nicht erholt. Wir treffen zunächst auf eine Straße (Treunitzer Weg), halten uns rechts und gehen leicht bergab bis zur Hauptstraße. Hier gehen wir wieder rechts und folgen dem Flusslauf. Wir ignorieren alle Markierungen, die auf Höhe der Kirche links abgehen und folgen weiter dem Fluss. Bei der abknickenden Vorfahrt halten wir uns weiter geradeaus. Ein Fußgängerweg führt nun bis zum Ortsende, wo wir unverhofft auf die Aufseßquelle stoßen. Diese kommt ebenso unprätentiös aus einem Steinbogen wie die Wiesent. Das ist der Aufseß auch angemessen, schließlich mäandert sie nur etwa 30 Kilometer über Aufseß und Wüstenstein, bis sie bei Doos in die Wiesent fließt.

Weiter geht es an der Straße entlang. Kurz nach dem Ortsschild zweigt rechts eine Landstraße in Richtung Poxdorf und Ludwag ab. Dieser folgen wir etwa 300 Meter, bis ein Wirtschaftsweg kreuzt. Hier biegen wir links ab und gehen auf Huppendorf zu. Im Ort gehen wir bis zu einem Kruzifix, halten uns dann noch ein paar Meter links und erreichen mit dem Brauereigasthof Grasser die Halbzeit unserer Tour. Die Huppendorfer Brauerei existiert seit 1750, das Bier ist aber weitgehend unbekannt. Als Standardsorte wird ein malzig-herbes, halbdunkles Vollbier gebraut. Es gibt aber auch Pils und Weizen aus eigener Produktion. Zudem verfügt der Betrieb über eine eigene Brennerei. Die hochprozentigen Erzeugnisse können, wie auch das Bier, flaschenweise erworben werden. Die Küche bietet die fränkischen Standards. An Sonn- und Feiertagen gibt es außerdem Braten, Wild aus eigener Jagd und Enten aus eigener Aufzucht. Bislang war in den letzten zwei Wochen der Sommerferien Betriebsurlaub.

Insgesamt sind sowohl die Brauerei als auch der ganze Ort eine echte Entdeckung. Huppendorf ist von baulichen Verschandelungen weitgehend verschont geblieben, einiges wurde behutsam saniert, die Landwirtschaft spielt noch eine große Rolle. Der Ort konnte sich seine Urtümlichkeit bewahren, er dürfte auch vor 50 Jahren nicht viel anders ausgesehen haben.

Huppendorf hat seinen ursprünglichen Charakter und seine Brauerei bewahrt.

Zum Ursprung der Tour

Wir verlassen den Ort, indem wir kurzzeitig der Markierung schwarzer Ring in Richtung Laibarös folgen. Es geht leicht bergan, am Ortsende beginnt eine landwirtschaftliche Straße, die nach Poxdorf führt. Da dies unser Ziel ist, verlassen wir diese Straße nicht, wenn sich die Markierung schwarzer Ring linker Hand von uns verabschiedet. Nach etwa zwei Kilometern durch Felder und Wiesen kommen wir nach Poxdorf. Kurz nach dem Ortsschild gehen wir die erste Straße wieder nach rechts, wo wir abermals auf den schwarzen Ring treffen. Wir verlassen den Ort und wandern auf einem von Brombeer-, Schlehen- und Holunderbüschen gesäumten Weg durch sanft hügeliges Gelände in nördliche Richtung. Nach gut 500 Metern erreichen wir eine Gabelung. Die Markierung zeigt etwas versteckt nach rechts, gleich danach gabelt sich der Weg noch einmal, hier halten wir uns links und gehen weiter auf dem Teerweg. Etwa einen Dreiviertelkilometer weiter hört die Asphaltierung auf, der Weg mündet in einen Wiesenweg und trifft kurz darauf auf einen Waldrand. Ab sofort halten wir uns wieder an den roten Ring und folgen der Strecke nach links. Kurz darauf gilt äußerste Aufmerksamkeit: Wir folgen nicht dem offensichtlichen Wegverlauf halb rechts in den Wald hinein, sondern gehen links zwischen Kornfeld und Waldrand entlang. Die Markierung ist an dieser Stelle sichtbar, der nach links weisende Pfeil aber weniger. Nach etwa 200 Metern ohne erkennbare Spur geht ein etwas verwilderter Weg rechts in den Wald hinein, die Markierungen sind wieder blass vorhanden. Wenige 100 Meter später treten wir aus dem Wald heraus und treffen auf eine Wegkreuzung. Abermals sind die Markierungen gut versteckt. Wir gehen weiter geradeaus über einen Wiesenweg, rechts an einem Maisfeld entlang und wieder in den Wald hinein. Jetzt geht es für eineinhalb Kilometer recht abwechslungsreich durch Feld, Wald und Wiesen, bis wir die Ortschaft Hohenhäusling erreichen. Wir folgen der Straße in den Ort. Kurz darauf zweigt eine Straße nach rechts in Richtung Steinfeld ab, an der auch die Markierung roter Ring entlangführt. Die schwach befahrene Straße weist uns schließlich den Weg bergab zurück nach Steinfeld.

Hier wird ein Besuch der Brauereigaststätte Hübner dringend empfohlen. Es gibt eine Sorte helles, herbes Vollbier (»Otto-Bier«) und die gängige fränkische Verpflegung. Das Interieur der Wirtschaft entspricht fast zu 100 % dem Ideal des authentischen Brauereigasthofes. Zusätzlich zum Bier befindet sich auch Hochprozentiges aus der eigenen Brennerei im Angebot. Als Besonderheit hat sich der Brau- bzw. Brennmeister auch an der Produktion eines fränkischen Whiskys versucht.

Der Vollständigkeit halber sei noch der Brauereigasthof Lindner erwähnt, der sich einige Meter weiter an der Hauptstraße befindet. Die dazugehörige Brauerei ist jedoch nicht hier, sondern in Scheßlitz. Neben dem Gastraum gibt es auch eine Premiere-Sportsbar – wer's mag!

Das Bier:

Brauereigasthof Grasser, Huppendorf 25, 96167 Königsfeld, Tel. 0 92 07/2 70, www.huppendorfer-bier.de, tägl. außer Di 9.00–1.00. Malzig-herbes, halbdunkles Vollbier, Pils, Weizen.

Brauereigasthof Hübner, Steinfeld 69, 96187 Stadelhofen, Tel. 0 92 07/2 59, www.huebner-braeu.de, 9.00–23.00,

Jan–März Fr Ruhetag, Apr–Dez Do Ruhetag. Helles, herbes Vollbier (»Otto-Bier«).

Brauereigasthof Lindner, Steinfeld 56, 96187 Stadelhofen, Tel. 0 92 07/2 75, tägl. außer Mo ab 11.30.

Veit Bronnenmeyer

Informationen:

Verwaltungsgemeinschaft Steinfeld, Steinfeld 86, 96187 Stadelhofen, Tel. 0 92 07/98 10, www.steinfeld-oberfranken.de

Karte:

Fritsch Wanderkarte Nr. 65, Naturpark Fränkische Schweiz, Blatt Nord, gerade auch noch auf Fritsch Wanderkarte Nr. 53, Naturpark Fränkische Schweiz, Blatt Süd.

4 Bamberg – die unheimliche Hauptstadt des Bieres

Tour: Stadtspaziergang mit viel Wissenswertem über Bier, Kultur und Bierkultur.
Länge: Ca. 11 km.
Dauer: Reine Gehzeit ca. 3 Std.
Höhenunterschied: Ständiges kurzes Auf und Ab in Bamberg.
Familie: Kultur und Brauereiwesen sind wohl eher für ältere Kinder interessant. Bei zu viel Kenntnis der Kinder über die verschiedenen Biersorten ist sogar Vorsicht geboten.
Saison: Stadtspaziergänge bieten sich ganzjährig an.
Besonderheiten: Eine Tour, die je nach Interesse beliebig verkürzt und verlängert werden kann. Die wichtigsten Sehenswürdigkeiten Bambergs und fast alle Brauereien liegen am Weg.
Variante: In vielen Varianten denkbar; weiterführende Literatur beachten.
Anfahrt: *Kfz:* Mit dem Auto über die A70 und A73. *ÖPNV:* Bamberg liegt an der IC-Strecke Nürnberg–Berlin.

Die Stadt der drei Ströme

Nein, nein, da gibt es keine Diskussion. Nicht München, nicht Dortmund, selbst Pilsen nicht, nicht Dublin oder Brüssel und schon gar nicht Kulmbach: Die Hauptstadt des Bieres ist ganz eindeutig Bamberg. Hier fließen – der Volksmund hat bekanntlich immer recht – drei Ströme durch die Stadt: der rechte und der linke Arm der Regnitz sowie – vermutlich der breiteste der Ströme – ein Strom Bier.

An dessen Ufern wollen wir wandeln und dabei viel Stadtgeschichte, Kunst und Kultur, vor allem aber auch das örtliche Brauereiwesen studieren. Und zwar ausgiebig. Vernünftigerweise beginnt unser stadtgeschichtlicher Rundgang am Bahnhof.

Zunächst wenden wir uns an der Ludwigstraße nach rechts und unterqueren, der nächsten Straße nach rechts folgend, die

Bahngleise. Sogleich wieder links, und wir schlendern die Brennerstraße entlang. An deren Ende kommen wir zur denkmalgeschützten Backsteinfassade der Mälzerei Weyermann, einer seit Ende des letzten Jahrhunderts unveränderten Produktionsstätte von Malz. 1818 gab es in Bamberg noch 65 Braustätten, ein Beleg für die Bedeutung des Bieres damals wie heute. Das Bamberger Malz ist zum Exportschlager geworden und wird in aller Herren Länder exportiert. An der Memmelsdorfer Straße biegen wir links ab und an der nächsten Kreuzung erneut links und laufen zurück Richtung Bahnhof.

Nun aber gehen wir an der uns bereits bekannten Kreuzung nach rechts in die Klosterstraße und erreichen das Bamberger Gärtnerviertel. Bamberg war nie von einer Stadtmauer umgeben, und die Gemüsebauern suchten die Stadtnähe, um ihre Produkte frisch auf den Markt bringen zu können. Im letzten Jahrhundert aber wuchs Bamberg stark und umschloss das Gärtnerviertel, das nun Teil der Stadt ist. Erhalten sind die alten Gärtnerhäuser mit ihren großen Toren. Noch immer wird hier – mitten in der Stadt – Gemüse angebaut und Blumenzucht betrieben. Und auch Sämereien haben hier ihren Standort. Wir halten uns geradeaus

und stoßen auf die Mittelstraße. In Nummer 31 finden wir das Gärtner- und Häckermuseum, das ein spannendes Bild des Lebens der Gärtner zu Beginn des 20. Jahrhunderts zeichnet.

Die alte Handelstraße Erfurt–Nürnberg

Weiter durch die sich verengende Letzengasse kommen wir zur Königstraße, der historischen Handelstraße Erfurt–Nürnberg. Hier treffen wir mit den Brauereien Fässla und Spezial gleich auf zwei typische Bamberger Vertreter ihrer Zunft. Die Brauerei Fässla wurde 1649, ein Jahr nach dem Ende des Dreißigjährigen Krieges, vom Brauer und Büttner Hanß Lauer eingerichtet. Seit 1986 befindet sie sich im Besitz der Brauerfamilie Kalb. Die Gaststube ist schnörkellos-gemütlich mit viel Holz an den Wänden und gescheuerten Tischplatten aus Ahorn. Wie in den Bamberger Brauereilokalen üblich, stehen und sitzen auch viele Gäste im Eingangsbereich vor dem Gastraum. Dies ist wahrscheinlich dem meist begrenzten Sitzplatzangebot geschuldet, gelten die Bamberger doch eher als ein Menschenschlag, der selten von Unrast heimgesucht wird. »Stehgammler« ist der liebevolle Fachterminus für Gäste dieses Schlages. Weiter hinten befindet sich noch eine Art Innenhof mit Außenplätzen, die aber eher weniger zum Verweilen einladen. An Biersorten gibt es Pils, »Zwergla« (dunkles Vollbier), »Weizla«, Lagerbier und »Bambergator« (Starkbier mit 8,5% Alkoholgehalt). Probiertipp ist das leicht abgedunkelte, kräftige, aber dennoch süffige Lager. Es gibt das gängige Angebot an Brotzeiten und warmen Speisen – von Currywurst über Schnitzel bis hin zu diversen Braten.

Die gegenüberliegende Brauerei Spezial unterscheidet sich im Inneren nicht sehr vom Fässla. Die Braustätte geht zurück auf das Jahr 1536. Der Gastraum ist etwas größer, die Holztäfelung etwas dunkler als gegenüber. Auch hier geht es rustikal-gemütlich zu, und der Eingangsbereich in der ehemaligen Fuhrwerks-Durchfahrt ist ebenfalls ein beliebter Versammlungsort. Die Gaststätte verfügt über keinen Hof bzw. Sitzplätze im Freien. Außergewöhnlich wird es beim Bier. Das »Spezi« ist nämlich die zweite, unbekanntere und von vielen Einheimischen geschätztere Rauchbierbrauerei. Üblicherweise wird das Lagerbier ausgeschenkt, es gibt aber auch Märzen, Weizen und im Herbst Bockbier. Ein Geheimtipp für Rauchbierskeptiker ist das »Ungespundete« (»U«), eine hervorragende rauchfreie Alternative, die man aber schon mit einer gewissen Vehemenz einfordern muss. Auch hier bietet die Küche die in Bamberg übliche Palette an Brotzeiten und warmen Speisen. Im Sommer sollte man unbedingt das Bierangebot des Gasthofes Spezial-Keller testen (siehe S. 37).

Dass sich an der Königstraße gleich zwei Brauereien in so großer räumlicher Nähe befinden, verdankt sich dem Umstand, dass hier Regnitzwasser leicht verfügbar, die Lagerhäuser der Hopfenhändler nahe und das Fremdenverkehrsaufkommen an der alten Handelsstraße schon immer hoch waren. Typisch ist die Architektur mit dem breiten Mittelgang. Die im hinteren Teil befindliche Brauerei musste für Pferdefuhrwerke erreichbar sein.

Die Barockachse

Wir halten uns rechts und kommen zur Straßenkreuzung Königstraße/Kettenbrücke. Hier beginnt Bambergs »Barockachse«. Die mittelalterliche Struktur der Stadt passte Anfang des 18. Jahrhunderts nicht mehr zum aktuellen Bautrend, der vorsah, dass eine gerade gezogene und prächtige Straße geradewegs zum Herrschaftssitz – in Bamberg die bischöfliche Residenz – führte. So eine »barocke Stadtachse« sollte dennoch entstehen. Baupolitik und Subventionen motivierten die Bamberger Bürger, entlang dieser Achse, die von der Kettenbrücke über den Maxplatz, den Grünen Markt und die Rathausbrücke bis zum Domplatz reicht, nicht mehr im traditionellen Fachwerk zu bauen, sondern barocke Steinhäuser mit mindestens zwei Stockwerken zu errichten. Dabei hatte sich die Fassadengestaltung der von Balthasar Neumann entworfenen bischöflichen Residenz unterzuordnen. Auf unserem Weg durch die Fußgängerzone und über die Obere Brücke finden wir zahlreiche Gebäude, die aus dieser Zeit stammen. Wir lassen die verspielte Fassade des Inselrathauses hinter uns und biegen in die Dominikanerstraße ein. In der Nähe des Dominikanerklosters finden wir die Brauerei Schlenkerla.

Mit dem Schlenkerla betreten wir die bekannteste Bamberger Brauerei. Das dort produzierte Rauchbier ist weit über die Grenzen Frankens hinaus bekannt und nicht überall geschätzt. Das oftmals kolportierte Phänomen, dass ein »Schlenkerla«

erst nach dem dritten gut schmeckt, kann übrigens bestätigt werden. Die Braustätte geht auf das Jahr 1678 zurück und besteht heute zum Teil aus Räumen eines ehemaligen Klosters. Die Dominikanerklause im rechten Bereich ist auf das Jahr 1310 datiert, im gotischen Stil erbaut und war früher die Klosterkapelle. Auch im Schlenkerla befindet sich eine Reihe von Sitz- und Stehplätzen im Eingangsbereich und es gibt keine Außensitzplätze. Beim üblicherweise ausgeschenkten Bier handelt es sich um ein untergäriges, dunkles Märzen. Zu haben sind auch ein Rauchweizen sowie im Herbst ein Bockbier und zur Fastenzeit ein besonders gehaltvolles Fastenbier. Ebenso wird beim Schlenkerla ein hervorragendes rauchfreies Lagerbier gebraut, das aber kurioserweise in der Wirtschaft nicht erhältlich ist. Obwohl das Schlenkerla eine der größten Touristenattraktionen Bambergs ist, finden sich zu jeder Tageszeit noch immer genug Bamberger ein, so dass der authentische Charakter der Gaststätte erhalten bleibt. Diese gesunde Mischung gilt übrigens für alle Bamberger Brauereiwirtschaften, noch keine ist zur Touristenfalle geworden.

Fränkisches Rom

Bislang hatten wir noch keine nennenswerten Höhenunterschiede zu überwinden, nun aber wird sich erklären, warum Bamberg auch das »Fränkische Rom« genannt wird. Schräg gegenüber der Brauerei bringt uns der Katzenberg hinauf zum Kaiserdom. Bambergs Stadtgründer Kaiser Heinrich II. machte – nach einigem Ärger mit seiner Hauptstadt Rom – Bamberg zur neuen Hauptstadt des Reiches. Schließlich wies die Gegend, ganz wie das Original, sieben Hügel auf. Ansonsten war aber noch nicht viel Repräsentatives zu entdecken. Also ließ der Kaiser auf jedem der Hügel eine Kirche errichten. Auf unserem Weg werden wir sie alle – mindestens aus der Ferne – in Augenschein nehmen können.

Auf dem Domberg finden wir den Kaiserdom, der unbedingt besucht werden sollte, die Bischofsresidenz und die alte Hofhaltung. An der barocken Residenz sieht man an der linken Seite noch die Anschlusssteine, an denen planmäßig der dritte Flügel hätte angebaut werden sollen. Zwischen Hofhaltung und Residenz hindurch gehen wir zur Jakobskirche. Rechter Hand erblicken wir mit dem Kloster St. Michael eine weitere

Das Klosterbräu gilt als die älteste Bamberger Brauerei.

der kaiserlichen Kirchen. An St. Jakob lässt sich gut sehen, dass die Bamberger Kirchen deutlich älter sind als ihre im Barockstil umgestalteten Blickfassaden. Die Längsseite der Kirche ist noch rein romanisch.

Einst gab es Wein in der Bierhauptstadt

Bei St. Jakob gehen wir die Sutte hinab und halb links wieder hinauf zum Karmelitenplatz mit dem Karmelitenkloster (die vierte Kirche). Sehenswert ist insbesondere der Kreuzgang. Nun erreichen wir den Kaulberg. Ein Blick hinab und wir sehen die Obere Pfarre (die fünfte Kirche). Wir aber steigen steil hinauf, bis wir am Laurenziplatz auf die Brauerei Greifenklau stoßen. Die Braustätte Greifenklau geht auf den Anfang des 18. Jahrhunderts zurück, als der Domherr Franz Friedrich von Greifenklau auf dem Kaulberg das Anwesen erwarb. Er ließ ein Wirts- und Brauhaus samt Stadel, Stallung und Halle errichten, zu dem rückseitig auch ein kleiner Garten gehört. Auch hier finden wir eine typisch urige Wirtsstube mit Ofen und Tischplatten aus Ahorn. Der Eingangsbereich ist ebenfalls häufig gut bevölkert. Wer von Frühjahr bis Herbst den »Greif« besucht, sollte sich, wenn es irgend geht, in den Garten setzen. Hier befindet sich der Bierkeller tatsächlich direkt unter der Brauerei, und es gibt einen entsprechend schattigen Außenbereich mit etwa 500 Plätzen. Von hier aus hat man einen sehr schönen Blick auf die Altenburg (die sechste Kirche). Die Küche bietet die typischen Gerichte und Brotzeiten. Ausgeschenkt werden Lagerbier und Weizen. Für den Straßenverkauf gibt es auch noch Pils. Das Bier ist geschmacklich sehr gut, steht aber im Ruf, bei übermäßigem Genuss schnell zu Kopfschmerzen zu führen. Im Herbst und Winter wird Bockbier angeboten.

Eigentlich befinden wir uns hier in dem ehemaligen Weinanbaugebiet Bambergs. Aus geschützter Talkessellage resultieren günstige Bedingungen. Der Weinbau wird inzwischen erst einige Kilometer mainabwärts betrieben, rund um die Laurenzikapelle finden sich aber noch einige barocke Weingärtnerhäuser (Laurenzistraße 2 und 4).

Auf die Keller

Von hier gehen wir auch hinab, bis wir in den Taleinschnitt bei der Unteren Seelgasse kommen. Von hier laufen wir wieder bergan zum Oberen Stephansberg, dem Pilgerziel tausender Bamberger während des Sommers. Denn hier oben liegen die Bierkeller der Bamberger Brauereien. Wir halten uns rechts und erreichen mit dem Wilde-Rose-Keller den größten Bamberger Bierkeller. Unter schattigen alten Kastanien und Ahorn befinden sich etwa 1500 Sitzplätze. Wie für ordentliche Bierkeller üblich herrscht Selbstbedienung und jeder Gast hat das Recht, sein Essen selbst mitzubringen und hier zu gekauften Getränken zu verzehren. Es gibt auch Brotzeiten und kleine Gerichte vor Ort, die jedoch nicht unbedingt zum Besten gehören, was Bamberg zu bieten hat. Sehr schön ist der alte Musikpavillon auf der Westseite samt seinem Schnitzwerk und den dazugehörigen überdachten Sitzplätzen. Musikdarbietungen gibt es im Sommer des Öfteren, jedoch ohne Regelmäßigkeit. Familien schätzen den großen Kinderspielplatz im hinteren Bereich. Beim Bier sollte man unbedingt das ungefragt am Ausgabetresen hingestellte »Wilde-Rose-Kellerbier« probieren (Veits Top-Tipp), ein halbdunkles, ungespundetes Vollbier – unvergleichlich süffig, mit deutlicher Hopfennote und rund im Geschmack. Profis nehmen immer gleich zwei Bierdeckel, da die Steinkrüge zum Schutz vor niedergehenden Blättern,

Blüten etc. stets zugedeckt werden sollten. Die Wilde Rose verfügt über keine Brauerei, das Bier wird nach eigenem Rezept von einer anderen Bamberger Brauerei produziert (welche, ist ein streng gehütetes Geheimnis).

Die Outdoor-Konkurrenz trifft sich ein paar Meter weiter im Spezial-Keller (den Stephansberg weiter talwärts und dann rechts in die Sternwartstraße einbiegen). Die Anlage gehört zur bereits vorgestellten Rauchbierbrauerei und bietet dasselbe Biersortiment wie die Gastwirtschaft in der Königstraße. Bei der Kellerfrage scheiden sich bei den Bambergern parallel zur Rauchbierfrage häufig die Geister. Wilde Rose und »Spezi« stehen sich zwar nicht unbedingt feindlich gegenüber, die Fraktionen sind aber schon zu unterscheiden. Der »Spezi«-Keller bietet jedenfalls – wie die Gaststätte – auch ein rauchfreies »U«, verfügt ebenso über einen Kinderspielplatz und erlaubt seinen Gästen, die feste Verpflegung selbst mitzubringen. Der Spezial-Keller ist nicht ganz so groß wie die Wilde Rose und hat im Hochsommer etwas weniger Schatten. Umwerfend – und das müssen selbst Wilde-Rose-Hardliner zugeben – ist der sich bietende Blick über Bamberg. Die Stadt mit ihren vielen Kirchtürmen liegt wie gemalt zu unseren Füßen. Dazu noch ein passender Sonnenuntergang und man wäre geneigt, sofort seinen Erstwohnsitz auf dieser Bierbank anzumelden, wenn das Aufstehen nicht so schwerfallen würde. Wer Bamberg besucht und dieses Panorama verpasst, muss noch mal kommen.

Englischer Park und Hopfenhändler

Der Stephansberg bringt uns wieder hinab zur Stadt. Das romantische Kopfsteinpflaster führt direkt vorbei an St. Stephan (die siebte und letzte Kirche des Kaisers). Am Fuß des Berges fällt das Böttinger-Haus auf, der Barockpalast eines Bamberger Händlers, der beweist, dass damals nicht immer alles besser und auch das 18. Jahrhundert nicht vor etwas Kitsch gefeit war, wenn Neureiche bauten. Denn das war der Beamte Böttinger. Hier scharf rechts (Concordstraße) und sofort wieder links abbiegend kommen wir zum Klosterbräu. Das Klosterbräu beansprucht den Titel der ältesten Brauerei Bambergs. Die Braustätte existiert seit 1533 und befand sich früher im fürstbischöflichen Besitz. Von außen betrachtet gehört das Fachwerk-Ensemble, zu dem auch die große Zehntscheune in der

Judengasse gehört, zu den schönsten Brauereigasthöfen. Innen herrscht die typisch holzige Gemütlichkeit. Im Außenbereich verfügt das Klosterbräu nur über ein paar wenige Sitzplätze in der Gasse. Ausgeschenkt werden ein Braunbier mit 5,7% Alkoholgehalt, ein leicht rauchiges »Schwärzla« und das Pils »Bamberger Gold«. Die Küche bietet die gewohnte Mischung aus Brotzeiten und warmen Gerichten. Über eine Brücke und dann rechts an der Regnitz entlang erreichen wir den Hain. Zuvor haben wir auf der gegenüberliegenden Seite das Wasserschloss Concordia entdeckt. Der eben erwähnte Böttinger hatte sich nämlich bei dem Entwurf seines Hauses an Italien orientiert. Allerdings erreichten die Temperaturen in der engen Judengasse keine italienischen Verhältnisse und Böttinger wurde sein Prestigeobjekt schnell ungemütlich. Gut, wenn man sich dann ein zweites, komfortableres Häuschen, wie die Concordia, leisten kann.

Über ein weiteres Brücklein spazieren wir in den Bamberger Hain. Ursprünglich ein wilder Auwald, wurde Anfang des 19. Jahrhunderts ein Park nach englischem Vorbild geplant. Die scheinbare Natürlichkeit war gewollt und streng inszeniert. Die Wege wurden – im Gegensatz zum französischen Park – geschwungen angelegt, die Bäume nicht beschnitten, aus Rabatten wurden Wiesen. Wir halten uns links und verlassen den Hain beim Hainbad – einem alten Flussbad, das bereits 1804 in Betrieb war – und stoßen auf die Hainstraße. Wieder links geht es nun durch das Bamberger Gründerzeitviertel. Beeindruckende Villen spiegeln den Baustil der Jahrhundertwende wider. Aus Bierliebhabersicht interessant sind die Hausnummern 7, 18 und 20. Hinter den repräsentativen Geschäftshäusern sieht man auffällig hohe und enge Gebäude, die den dort ansässigen Hopfenhändlern als Lager dienten. Insgesamt 22 Hopfenhändler waren im Haingebiet ansässig.

Rückkehr über die Wunderburg

Weiter geht es geradeaus über den Schönleinsplatz und die Luitpoldbrücke. Direkt dahinter nach rechts, den Kunigundendamm entlang, kommen wir zur letzten Station unseres Rundgangs. Linker Hand liegt der Stadtteil Wunderburg, den wir über den Bleichanger erreichen. Die Kirche Maria Hilf ist der Mittelpunkt dieses Stadtteils. Direkt neben der Kirche finden wir die

Brauerei Mahrs samt Gaststätte und Garten. Das Mahrs-Bier ist außerhalb Bambergs einer der größten Geheimtipps, in der Stadt gehört es zu den renommiertesten Vertretern des Gerstensaftes. Charakteristisch für alle Biersorten ist eine etwas herbere Hopfennote. Die Wirtschaft verfügt über einen ausgesprochen urigen, alten Teil mit mächtiger, niedriger Balkendecke und großem Ofen im vorderen Bereich, der jedoch meist voll besetzt ist. Weiter hinten ist es aber auch nicht schlecht. Der Durchgang zwischen Gaststube und Küche zum Hinterausgang ist hier ganz besonders stark bevölkert. Im Sommer jedoch suchen wir uns grundsätzlich einen Platz im ebenfalls sehr schönen und schattigen Garten. Der Klassiker im Biersortiment ist das so genannte Ungespundete, ein unfiltriertes Kellerbier. Ansonsten bekommt man ein Helles serviert, das etwas leichter und herb-frischer ist. Außerdem gibt es Pils, Weizen und im Herbst Bockbier. Die Brauerei stellt auch ein sehr gutes Leicht-Bier her, das im Vergleich zum Vollbier geschmacklich kaum nachlässt. In puncto Küche bietet die Wirtschaft ein wenig mehr als die Konkurrenz. Neben den üblichen Klassikern gibt es besondere Salatteller, vegetarische Gerichte, Steaktoast etc.

Und nicht zuletzt liegt auch die Brauerei Keesmann der Maria-Hilf-Kirche gegenüber. Durch den immer gut besuchten Eingangsbereich erreicht man die Wirtsstube, die nicht so spektakulär anmutet wie die gegenüberliegende Klause. Was die Qualität des Bieres und des Essens angeht, braucht sich der Keesmann vor dem Mahr aber nicht zu verstecken. Hauptbier ist hier das »Herren Pils«, das vom Fass ausgeschenkt wird. Wie so oft in Franken sollte man die Bezeichnung nicht so eng sehen. Es ist jedenfalls ein sehr gutes helles Bier mit ein wenig mehr Hopfen. Nachbestellen muss man selten, die eifrigen Bedienungen stellen gleich ein volles Glas hin, wo sie ein leeres entdecken. Daneben braut Keesmann ein sehr süffiges Helles, Weizen, Bockbier im Herbst und als Gegenentwurf zum »U« das »Sternla«, ein unfiltriertes Lagerbier. Die Küche ist nicht ganz so modernisiert wie gegenüber, bietet aber sehr gute Qualität zu moderaten Preisen. Im Innenhof zwischen Wirtschaft und Brauhaus befinden sich einige Außenplätze.

Weit ist es nun nicht mehr bis zum Bahnhof: Über die Egelseestraße und die Kunigundenruhstraße finden wir zurück und achten – wenn noch letzte geistige Ressourcen verfügbar sind – auf die zahlreichen Gärtnerhäuser aus verschiedenen Jahrhunderten, Kleinsthäuser, in denen die Armen lebten, auf Kruzifixe und Bildstöcke.

Ein ausführlicher Rundgang durch Stadtgeschichte und Brauereiwesen einer der schönsten deutschen Städte findet seinen Abschluss.

Das Bier:

Brauereigasthof Fässla, Obere Königstraße 19–21, 96050 Bamberg, Tel. 09 51/2 65 16, www.faessla.de, Mo–Sa 8.30–23.00, warme Küche 11.00–14.00 und 18.00–21.00, So 8.30–13.00 (keine Küche), Fremdenzimmer. Pils, dunkles Vollbier (»Zwergla«), »Weizla«, Lagerbier, Starkbier (»Bambergator«).

Brauereigasthof Spezial, Obere Königstraße 10, 96050 Bamberg, Tel. 09 51/2 43 04, www.brauerei-spezial.de, tägl. 9.00–23.00, warme Küche 11.30–13.45 und 17.00–22.00, Sa ab 14.00 geschlossen, Fremdenzimmer. Lagerbier, Märzen, Weizen, Bockbier, rauchfreies »Ungespundetes« (»U«).

Brauereigasthof Schlenkerla, Dominikanerstraße 6, 96049 Bamberg, Tel. 09 51/5 60 60, www.schlenkerla.de, tägl. außer Di 9.30–23.30, warme Küche 12.00–22.00. Untergäriges, dunkles Märzen, Rauchweizen, Bockbier, Fastenbier.

Brauereigasthof Greifenklau, Laurenziplatz 20, 96049 Bamberg, Tel. 09 51/5 32 19, www.greifenklau.de, Di–Sa 9.00–23.30, warme Küche 11.30–21.30, So, Fei 9.00–14.00, warme Küche ab 11.30, Mo Ruhetag, Gästezimmer. Lagerbier, Weizen, Pils, Bockbier.

Wilde Rose Keller, Oberer Stephansberg 49, 96049 Bamberg, Tel. 09 51/5 76 91, www.wilde-rose-keller.de, Mai–Sep ab 16.00, Sa, So, Fei ab 15.00. Halbdunkles, ungespundetes Vollbier (»Wilde-Rose-Kellerbier«).

Spezial-Keller, Sternwartstraße 1, 96049 Bamberg, Tel. 09 51/5 48 87, Di–Sa 15.00–23.00, So, Fei 10.00–23.00, Mo Ruhetag. Rauchfreies »U«.

Brauereigasthof Klosterbräu, Obere Mühlbrücke 1–3, 96049 Bamberg, Tel. 09 51/5 22 65, www.klosterbraeu.de, Mo–Fr 10.30–23.00, Sa, So, Fei 10.00–23.00, warme Küche 11.30–14.00 und 17.00–22.00. Braunbier, leicht rauchiges »Schwärzla«, Pils (»Bamberger Gold«).

Brauereigasthof Mahrs Bräu, Wunderburg 10, 96050 Bamberg, Tel. 09 51/91 51 70, www.mahrs-braeu.de, Mo–So 8.30–23.00, warme Küche 11.30–13.30 und 17.00–21.30. Unfiltriertes Kellerbier (»U«), Helles, Pils, Weizen, Bockbier, Leichtbier.

Brauereigasthof Keesmann, Wunderburg 5, 96050 Bamberg, Tel. 09 51/9 81 98 10, Mo–Fr 9.00–23.00, Sa 9.00–15.00, So Ruhetag. »Herren Pils«, Helles, Weizen, Bockbier, unfiltriertes Lagerbier (»Sternla«).

Veit Bronnenmeyer und Reinhard Weirauch

Informationen:

Bamberg Tourismus & Kongress Service, Geyerswörthstraße 3, 96047 Bamberg, Tel. 09 51/2 97 62 00, Mo–Fr 9.30–18.00, Sa 9.30–14.30.

Buchtipps:

Suckale, Hörsch, Ruderich, Schmidt: *Bamberg – Ein Stadtführer*, Bamberg 2002.

Verschiedene Herausgeber: *Bamberger Extratouren – ein geografischer Führer*, Bamberg 2001.

Karte:

Falk Stadtplan Bamberg.

5 Durch die fränkische Toskana

Tour: Anspruchsvollere Wanderung mit drei Brauereien von Schammelsdorf über den Ellerberg durch das Ellertal (»Fränkische Straße der Skulpturen«).
Länge: Ca. 16 km.
Dauer: Reine Gehzeit ca. 4 Std.
Höhenunterschied: Ca. 220 m, aber nur mäßig steile Anstiege.
Markierungen: Rote Raute und roter Querstrich.
Familie: Wegen der Länge eher für ältere Kinder geeignet.
Saison: Ganzjährig möglich, besonders schön in der Zeit von Apr–Okt.
Anfahrt: *Kfz:* Über die A73 Richtung Bamberg, Ausfahrt Bamberg Ost, dann nach Litzendorf, bei der Kirche links nach Schammelsdorf. *ÖPNV:* Kaum erreichbar.

Auf den Schammelsberg

Startpunkt ist die Brauereiwirtschaft Knoblach in Schammelsdorf. Diese lassen wir vorerst linker Hand liegen und gehen dorfauswärts in Richtung Kremmeldorf. Kurz vor Ortsende geht der Haselgraben rechts ab. Hier befindet sich auch schon ein Hinweis auf die Markierung rote Raute. Nach 100 Metern gabelt sich die Straße und geht in zwei Feldwege über. Wir wählen den rechten, welcher alsbald leicht bergan und in den Wald führt. Wenige 100 Meter später kreuzt er einen anderen Waldweg. Wir gehen weiter geradeaus nach Neudorf, immer der Markierung rote Raute nach. (Anmerkung: Diese Markierung ist in der Wanderkarte nicht verzeichnet, aber durchaus zielführend.) Etwa zehn Minuten später erreichen wir eine T-Kreuzung und folgen der Markierung nach rechts durch den hohen Buchenwald. Etwa eineinhalb Kilometer später sehen wir rechter Hand die so genannte Rote Tür, welche mittlerweile matt silbern ist. Hier befindet sich der Zugang zur Brunnenstube, wo das Wasser der Stammbergquelle gesammelt wird. Hinter der Tür verbirgt sich ein 680 Meter langer Stollen, der das Wasser von der westlichen auf die östliche Bergseite leitet.

Das Wasser versorgte einst das etwa sechseinhalb Kilometer entfernte Schloss Seehof, das Jagdschloss der Bamberger Fürstbischöfe in Memmelsdorf. Hier wurde es sowohl als Brauchwasser als auch für den Betrieb der Wasserspiele im Schlossgarten benötigt. Heute versorgt die Quelle hauptsächlich die Gemeinde Memmelsdorf mit Frischwasser.

Etwa wieder einen Kilometer später passieren wir eine alte Blockhütte mit einem Rastplatz, der leider nicht mehr sehr einladend ist. Nach weiteren ca. 750 Metern auf dem geschotterten Forstweg erreichen wir eine größere Weggabelung. Wir halten uns rechts, die Markierung befindet sich versteckt an einem etwas entfernten Baumstamm. Der Weg führt nun aus dem Wald hinaus, durch verschiedene Getreide- und Gemüsefelder. Nach fast zwei Kilometern erreichen wir Neudorf, einen verschlafenen Weiler, malerisch anzusehen, jedoch ohne jede Form von Gastronomie. Die kleine Kapelle besteht aus dem typischen ockerfarbenen Eisensandstein des Braunen Juras (Dogger), der uns auf dem verbleibenden Weg noch häufiger begegnen wird.

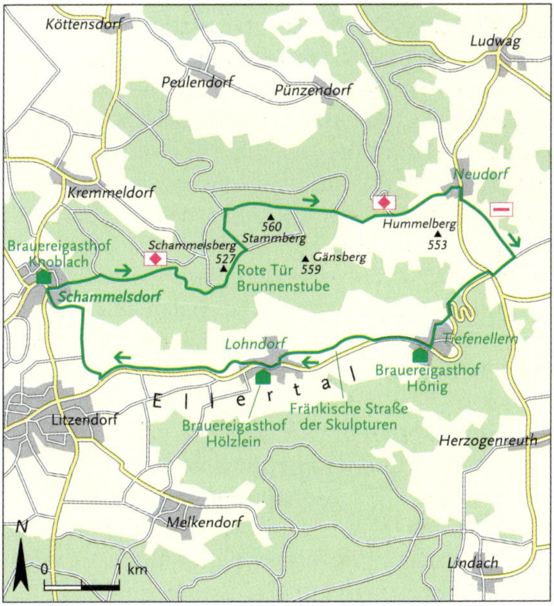

Auf der Alb

Fast ohne es zu bemerken, haben wir nun 220 Höhenmeter überwunden und befinden uns auf der Hochfläche der Fränkischen Alb, die zwischen Bamberg und Bayreuth eine markante Wetterscheide bildet. Wir treffen in Neudorf alsbald auf die Hauptstraße und gehen rechts der Markierung roter Querstrich nach. Am Ende des Dorfes, gleich nach dem Ortsschild, weist die Markierung nach links in einen gepflasterten Wirtschaftsweg. Wenige 100 Meter später führt uns der Weg wieder nach rechts in Richtung Herzogenreuth. Wir wandern einen knappen Kilometer durch Getreidefelder und treffen schließlich auf einen anderen Wirtschaftsweg, der als Vorfahrtsstraße unsere Bahn kreuzt. Wir verlassen die Markierung roter Querstrich und biegen rechts ab (Radweg: Hochweg Fränkische Schweiz). Kurz darauf treffen wir auf eine Teerstraße. Hier geht es kurz rechts und gleich wieder links in die Einmündung, die in Serpentinen hinunter ins Ellertal führt. Rechts von der Straße geht ein leicht zugewachsener Wanderweg an einer Schlucht entlang hinunter nach Tiefenellern. Relativ steil laufen wir bergab, bis wir wieder auf die fast schon alpin anmutende Serpentinenstraße treffen, die sich vor allem bei Motorradfahrern großer Beliebtheit erfreut. Gegenüber der Stelle, wo wir den Wald verlassen, führen zwei Wege nebeneinander wieder hinein. Wir wählen den linken (Am alten Berg) und steigen den Rest der Strecke relativ komfortabel nach Tiefenellern ab. Bei einem Brunnen und einer hübschen kleinen Kapelle (auch aus dem ockerfarbenen Eisensandstein) kommen wir wieder auf die Hauptstraße. Rechts liegt nun unsere erste Bierstation, der Brauereigasthof Hönig. Die Wirtschaft verfügt über einen großen Biergarten, der aber nur wenige Schattenplätze bietet. Das Bier ist außerhalb des Ellertals nahezu unbekannt. Es gibt Lager, Pils, Spezial (mit feinem Rauchgeschmack) und Weizen vom Fass. Das ungespundete, feinherbe Lager gehört – rein subjektiv – zu den besten Bieren, die Franken zu bieten hat. Wer jetzt schon Hunger verspürt, kann aus dem üblichen Sortiment kalter und warmer Speisen wählen. (Aber Vorsicht, über ein Drittel des Weges liegt noch vor uns.)

Tiefenellern ist – ebenso wie das folgende Lohndorf – kaum von städtischem Zuzug geprägt und hat sich den ursprünglich dörflichen Charakter weitgehend bewahrt. Bei nur 230 Einwoh-

»Toskana« ist vielleicht etwas übertrieben, aber schön ist das Ellertal allemal.

nern sind heute noch 20 Landwirte im Nebenerwerb und sechs im Vollerwerb aktiv.

Die Kunst am Weg

Wir verlassen nun den Ort in westlicher Richtung. Kurz nach dem Ortsschild führt ein Radweg in Richtung Lohndorf und Litzendorf rechts ab. Gleich danach erwartet uns die erste Station des Kunst- und Besinnungsweges »Fränkische Straße der Skulpturen«. Seit 1994 wird das Ellertal (auch »Fränkische Toskana« genannt) durch eine Initiative verschiedener regionaler Künstler kulturell bestückt. Um den Künstler Ad Freundorfer gründete sich der Verein »Fränkische Straße der Skulpturen e. V.«, der es sich zur Aufgabe gemacht hat, hier für den Ort erdachte und erstellte Skulpturen und Artefakte einer interessierten Öffentlichkeit zugänglich zu machen. Die Kunstwerke sollten heraus aus den Museen, in einen Kontext mit Natur und Landschaft gestellt werden und sich auf hier vorkommende Materialien und die Geschichte der Region einlassen. Unterstützt durch die Ergebnisse regelmäßig veranstalteter Symposien schmücken nun 30 Werke die Wege des Ellertales. Einen ersten Eindruck vermittelt hier der Brunnen Die Juraschnecke von

Harald Müller, dessen Form einen Ammoniten darstellt, der in der nahen Umgebung häufig als Versteinerung vorkommt.

Zwei Kilometer und einige Skulpturen später erreichen wir Lohndorf. Der Weg mündet in eine Art unbefestigten Parkplatz, an dessen Ende links eine Straße in den Ort führt. An der Hauptstraße treffen wir auf den Brauereigasthof Hölzlein. Die Brauerei wurde 1781 gegründet und befindet sich seitdem in Familienbesitz. Im Hof befindet sich ein großer Biergarten, der Hauptgastraum wurde behutsam und stilvoll renoviert und vermittelt mit der dunklen Wandtäfelung und den Tischplatten aus Ahorn eine authentische Atmosphäre. Es gibt nur eine Sorte Universal-Bier im Steinkrug, das für alle Lebens- und Gemütslagen taugt und dem Lager aus Tiefenellern kaum nachsteht. Es soll schon vorgekommen sein, dass hartnäckigen Pilstrinkern das Bier gnädig in ein entsprechendes Glas gezapft wurde. Die Küche bietet eine etwas größere Auswahl, die aber nicht vom üblichen Sortiment abweicht. Das Schnitzel und das Schaschlik sind dabei über die Grenzen des Ellertales hinaus berühmt. Von den drei auf dieser Tour behandelten Brauereiwirtschaften hat der Gasthof Hölzlein sicherlich die größte überlokale Bedeutung. Der Vollständigkeit halber sei noch die Brauerei Reh erwähnt, deren Braustätte sich ebenfalls in Lohndorf befindet. Allerdings verfügt sie nicht über eine dazugehörige Gastronomie und kann qualitativ auch nicht mit den Nachbarn mithalten.

Wir gehen auf demselben Weg wieder aus Lohndorf hinaus und folgen weiter der Straße der Skulpturen in Richtung Litzendorf (Radweg: Hochweg Fränkische Schweiz). Nach knapp drei Kilometern treffen wir kurz vor dem Ort an einer Bank und einem Kruzifix auf eine Straße (Martinsanger) und gehen rechts, kurz danach wieder links in Richtung Pödeldorf. Eine Kurve später biegt der Teerweg links ab, wir gehen geradeaus, wo schon die ersten Häuser von Schammelsdorf in Sicht kommen. Nach etwa 500 Metern treffen wir auf einen schmalen Weg, der von rechts aus dem Wald kommt, unser Weg biegt hier links ab und wir erreichen den Ortsrand von Schammelsdorf. Wir treffen auf eine Straße und folgen ihr immer geradeaus, bis wir die Ortsmitte und die Brauereiwirtschaft Knoblach erreichen. Auch hier befindet sich ein großzügig angelegter Biergarten rund um das Wirtshaus herum, das Speisensortiment ist etwas umfangreicher als bei den Kollegen im Ellertal. An Bieren gibt es ein ungespundetes Lager, »Räuschla« und Dunkles vom Fass, außerdem Weizen und Bockbier im Winter. Geschmacklich driftet das Bier schon leicht ins herb-bittere ab und dürfte daher den Pilstrinkern Freude bereiten. Wer dagegen an einem der vorherigen Biere schon Freude gefunden hat, kehrt zur finalen Stärkung einfach ins Ellertal zurück.

Das Bier:
Brauereigasthof Hönig, Ellerbergstraße 15, 96123 Litzendorf/Tiefenellern, Tel. 0 95 05/3 91, tägl. 9.30 bis der Letzte geht, Do Ruhetag, warme Küche bis 21.00, Lager, Pils, Spezial, Weizen.
Brauereigasthof Hölzlein, Ellertalstraße 13, 96123 Litzendorf/Lohndorf, Tel. 0 95 05/3 57, Mo–Fr ab 15.00, Sa ab 12.00, So ab 10.00, Di Ruhetag. Universal-Bier.
Brauereigasthof Knoblach, Kremmeldorfer Straße 1, 96123 Litzendorf/Schammelsdorf, Tel. 0 95 05/2 67, Di–Fr 15.30–23.00, Sa, So 9.00–23.00, Mo Ruhetag. Ungespundetes Lager, »Räuschla«, Dunkles vom Fass, Weizen, Bockbier.

Veit Bronnenmeyer

Informationen:
Gemeinde Litzendorf, Tourismus und Öffentlichkeitsarbeit, Am Knock 6, 96123 Litzendorf, Tel. 0 95 05/94 40 27, www.litzendorf.de, www.fraenkische-strasse-der-skulpturen.de
Extras:
Von Johann Dientzenhofer 1715–18 erbaute barocke Pfarrkirche St. Wenzeslaus in Litzendorf, ganztägig geöffnet.
Karte:
Fritsch Wanderkarte Nr. 53, Fränkische Schweiz, Blatt Süd.

6 Gegensätze ziehen sich an

Tour: Geologisch interessante und landschaftlich reizvolle Tour durch das Leinleitertal mit Mühlen und Karstquellen.
Länge: Ca. 12 km.
Dauer: Reine Gehzeit 3 Std.
Höhenunterschied: Ca. 100 m.
Markierungen: MD bis Heroldsmühle, grüner Kreis bis Kreuzstein, unmarkiert bis Burggrub, MD bis Oberleinleiter.
Familie: Geeignet für Kinder ab 8 Jahren.
Saison: Ganzjährig reizvoll. Gerade die Heroldsmühle ist im Winter ein romantisch-verwunschenes Ziel. Während der Schneeschmelze sind die Tummler aktiv.
Besonderheiten: Der Lehrpfad führt zu verschiedenen typischen geologischen Phänomenen der Fränkischen Schweiz.
Variante: Vom Kreuzstein direkt nach Oberleinleiter absteigen.
Anfahrt: *Kfz:* Mit dem Auto über Heiligenstadt i. Ofr. bis nach Oberleinleiter. *ÖPNV:* Bis Ebermannstadt mit der Bahn, dann recht mühsame Anfahrt mit dem Bus 8235 ab Heiligenstadt.

Ein romantisches Bächlein

Unser Startpunkt ist der Ort Oberleinleiter mit der Traditionsbrauerei Ott. Wir wandern in nördlicher Richtung aus dem Ort heraus. Am Ortsende weist der Main-Donau-Weg (markiert mit MD) Richtung Brunn nach rechts hinauf. Wenige Meter nach dem Ortsschild zweigt ein Wanderweg nach links entlang eines Heckenrains ab, dem wir folgen.

Zwischen Wiese und Schlehenbüschen gelangen wir in den Wald und stoßen auf die Leinleiter, die uns begleitet. Bachaufwärts folgen wir nun dem romantisch-gewundenen Lauf der Leinleiter und sehen schon bald das imposante Mühlrad der Heroldsmühle und die dazugehörigen Wirtschaftsgebäude. Unwillkürlich kommen einem die Gebrüder Grimm in den Sinn, und man ist sich fast sicher, dass hinter der nächsten Biegung die schöne Müllerin oder wenigstens der alte Müller am Bach stehen.

Zunächst aber zweigt der Brauereienweg, der uns eine Weile begleitet hat, nahe der Heroldsmühle nach rechts ab. Wir aber gehen nach links, bis wir das große Mühlrad aus dem Jahr 1916 erreichen, das im Winter bei entsprechender Witterung über und über von bizarren Eiszapfen und Reifmustern bedeckt ist. Bis 1952 war die Mühle in Betrieb, 1975 wurde das Gebäude restauriert und zum Ausflugslokal. Leider ist die Heroldsmühle aber trotz der idyllischen Lage weder für den Bierliebhaber noch für den Hungrigen ein wirklich lohnendes Ziel. Auf Änderung ist zu hoffen.

Trockene Täler, versiegende Quellen

Der Main-Donau-Weg, dem wir nun folgen, führt rechts an der Mühle vorbei. Zunächst passieren wir einige von der Leinleiter gespeiste Fischteiche, die wir ein Stück gegen den Uhrzeigersinn umgehen, dann erreichen wir das so genannte Trockental. An dessen Anfang finden wir links die je nach Jahreszeit mehr

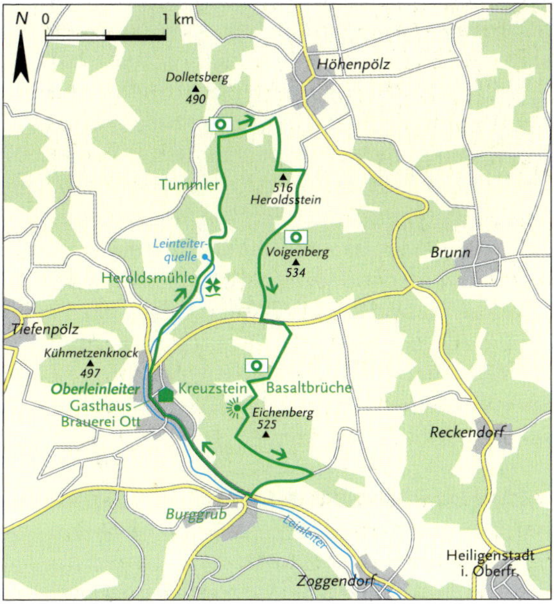

Das winterliche Mühlrad der Heroldsmühle

oder weniger kräftig sprudelnde Leinleiterquelle. Sie ist eine Karstquelle.

Geologisch entstanden solche Täler durch die Erosion wasserlöslicher Gesteinsschichten nahe der Oberfläche. Durch Verschiebungen brachen die Schichten, und das Wasser floss durch Spalten und Risse in den Untergrund, löste dort den Kalk und schuf so unterirdische Höhlen. Niederschläge und Quellwasser flossen in diese Höhlen ab und das Tal fiel trocken. Deutlich ist noch der Flusslauf zu erkennen, der das Tal einst durch Erosion in die Landschaft schnitt. Laufen die unterirdischen Höhlen – zum Beispiel während der Schneeschmelze – voll, so tritt das Karstwasser wieder zutage.

Manche dieser Karstquellen fallen aber bei wenig Wasser auch trocken. Solche »unzuverlässigen« Wasserspender nennt der Geologe »Tummler«, der Volksmund »Hungerbrunnen«. Sie galten einst als Unglücksbringer. Auf zwei dieser Tummler stoßen wir, wenn wir dem Weg weiter ins Tal folgen.

Zum Kreuzstein

Später weitet sich das Tal, der Waldrand rückt vom Weg ab und wir treffen auf eine Kreuzung, an der wir nach rechts abbiegen.

Der Main-Donau-Weg verlässt uns, wir marschieren bergan mit dem grünen Kreis Richtung Hohenpölz. Von links stößt ein breiterer Wirtschaftsweg zu uns, mit dem wir nach rechts weitergehen. Vor uns liegt schon bald Hohenpölz. Der Ortsname ist slawischen Ursprungs und deutet darauf hin, dass sich hier bereits zur Zeit Karls des Großen slawische Siedlungen befanden. Ehe wir jedoch den Ort erreichen, biegen wir an der Stelle, an der der Wald endet, nach rechts ab. Wieder steigt der Weg an, passiert einige Scheunen und führt in den Wald. Der wenig später ausgeschilderte kurze Abstecher zum Heroldsstein lohnt zwar nicht der Aussicht wegen, ist aber dennoch ein schöner Platz für eine kurze Rast und Weiterbildung: Hinweisschilder erläutern die Herkunft weiterer Ortsnamen.

Wir folgen dem Hauptweg, der etwas später aus dem Wald tritt, und wandern links am Waldrand mit unserer Markierung grüner Kreis, die uns bis zur Landstraße zwischen Oberleinleiter und Brunn führt. Ihr folgen wir ein Stück nach links, bis wir ein Wäldchen erreichen, an dessen Rand wir uns nach rechts wenden und etwas aufsteigen müssen. Oben angekommen kann man auf der linken Seite einen Blick auf geologisch interessante Basaltbrüche werfen. In der Folge dünnen die Markierungen etwas aus, im Zweifel folgen wir dem Waldrand, bis uns ein Wegweiser zum Kreuzstein führt. Hier öffnet sich der Blick auf das Leinleitertal und lädt zu einer aussichtsreichen Rast ein.

Zurück über Burggrub

Ein Wegweiser am Kreuzstein zeigt Richtung Oberleinleiter. Ein kleiner Wiesenpfad führt in den Wald und bald steil hinab. Wir treffen auf einen breiteren Forstweg, wandern nach links weiter und verlassen unsere Markierung. Wer abkürzen möchte, kann hier mit der Markierung geradeaus direkt nach Oberleinleiter absteigen. Auf halber Höhe führt uns unser Weg durch den Wald, bis wir zu einer Teerstraße kommen, der wir in spitzem Winkel nach rechts folgen. Schnell sind wir in Burggrub und verlassen den Ort nordwärts, vorbei am Feuerwehrhaus. Wir gehen wieder Richtung Oberleinleiter und Heroldsmühle auf einem Radweg, der uns zurück zur Brauerei Ott führt.

»Bräuhaus und Bräurecht« sowie »zwei Pferd und Küh« seit 1667

Die Brauerei Ott braut ein helles Export, ein Pils und mit dem »Ott-Original« ein recht dunkles Bier mit relativ viel Kohlensäure, wenigstens gemessen an den fränkischen, ungespundeten Kellerbieren. Immerhin wurde Braumeister Manfred Ott 1974 Bundessieger als Brauer und Mälzer. 1822 übernahm dessen Ur-Ur-Ur-Großvater Georg Ott das Anwesen, das schon 1667 als Braustätte urkundlich erwähnt wurde. Die Familie Ott braut also bereits in der sechsten Generation. Ohnehin liest sich die Chronik in der Speisekarte als kleine Geschichte der Fränkischen Schweiz. Aber auch der Rest der Karte ist eine interessante Lektüre, obwohl es nur am Sonntag Braten gibt. Brotzeiten und kleinere Gerichte werden aber täglich serviert. Nur leider spiegelt sich die lange Brauereigeschichte des Anwesens nicht im Neubau aus den 80er Jahren.

Das Bier:

Gasthaus Brauerei Ott, Oberleinleiter 6, 91332 Heiligenstadt-Oberleinleiter i. Ofr., Tel. 0 91 98/2 71, Di–So 8.00–23.00, warme Küche, Mo Ruhetag. Helles, hopfiges Vollbier, Pils, dunkles »Original Oberladara«, Hefeweizen, Bockbier (zu Ostern), Festbier (zur Weihnachtszeit).

Reinhard Weirauch

Informationen:

Tourismuszentrale Fränkische Schweiz, Oberes Tor 1, 91320 Ebermannstadt, Tel. 0 91 94/79 77 79, Mo–Do 8.00–16.30, Fr 8.00–12.00.

Buchtipp:

Rolf K. F. Meyer und Hermann Schmidt-Kaler: *Durch die Fränkische Schweiz, Wanderungen in die Erdgeschichte, Bd.* 5., München 1992.

Karte:

Fritsch Wanderkarte Nr. 53, Naturpark Fränkische Schweiz, Blatt Süd.

Kleine Bierhistorie I – Von Babylon nach Bayern

Wie hinlänglich bekannt, gab es Vorläufer des Bieres schon bei den Sumerern, Babyloniern und Ägyptern. In der Antike war die Weltmacht Rom eher dem Wein zugetan. Für das Bier waren die Germanen zuständig. Es wurde durch Auskochen unvermalzter Getreidesorten hergestellt. Ab wann mit dem systematischen Malzen des Getreides begonnen wurde, ist noch unbekannt. Etwa ab der ersten Jahrtausendwende nach Christus hat man begonnen, Bier auch zu hopfen, um dem Sud mehr Würze zu verleihen. Dies konnte jedoch auch mit anderen Stoffen wie Waldmeister, Kräutern oder Wurzeln geschehen. Der Hopfen hatte aber noch den Vorteil, dass er das Bier auch länger haltbar machte und wahrscheinlich mit seiner herben Frische die besten Geschmacksergebnisse erzielte. Als 1516 das Reinheitsgebot erlassen wurde, hatte der Hopfen sich als eine von vier Zutaten durchgesetzt. Zu dieser Zeit befanden sich die Hochburgen des deutschen Brauwesens noch in norddeutschen Klöstern. Nach der Reformation und dem Dreißigjährigen Krieg waren sowohl die wirtschaftliche Infrastruktur in Norddeutschland zusammengebrochen als auch die Klöster mit dem entsprechenden Know-how aufgelöst. Dies bewirkte eine Verlagerung der Brauwirtschaft in katholisch dominierte Gegenden Süddeutschlands. In Bayern wurde das Gewerbe zudem von den Kurfürsten stark gefördert und zum Nationalgewerbe erklärt. So entwickelte sich der Mythos vom Bayerischen Bier.

Kleine Bierhistorie II – Obergärig und untergärig

Bis dahin wurden nur obergärige, dunkle Biere gebraut. Die obergärige Hefe gärt bei 15 bis 20 Grad Celsius, was früher ein ganzjähriges Brauen ohne Kühlung ermöglichte. Der Name rührt daher, dass die Hefe im Verlauf des Gärvorgangs an die Oberfläche steigt. Die obergärigen Biere besaßen nur eine geringe Haltbarkeit und waren anfällig für Keime. Ab dem 15. Jahrhundert breitete sich von Böhmen kommend die untergärige Brauweise aus. Untergärige Hefe vergärt bei 5 bis 10 Grad Celsius. Dies erfordert eine durchgängige Kühlung, bewirkt aber eine längere Haltbarkeit und macht das Bier weniger anfällig für Krankheitserreger. Auch hier war Süddeutschland aufgrund der langen kalten Winter sowie der guten Lagermöglichkeiten in Stollen und Kellern im Vorteil. 1553 wurde für fast 300 Jahre ein Sommerbrauverbot verhängt. Von Georgi (24. April) bis Michaeli (29. September) durfte kein Bier gebraut werden. Dies drängte die obergärigen Sorten weiter zurück. Sie hielten sich vor allem in den wärmeren Gegenden um den Rhein (Alt oder Kölsch); heute ist Weißbier das populärste Obergärige. Es bildete sich eine Trennung zwischen Sommer- und Winterbieren heraus. Beide wurden im Winter gebraut, das Sommerbier jedoch stärker eingebraut, um Haltbarkeit und Lagerfähigkeit zu verlängern. Das Winterbier war demnach ein bis dahin übliches Einfach- oder Schankbier mit maximal 3,5% Alkoholgehalt. Mit dem Sommerbier wurde das Vollbier oder auch Lagerbier geboren, mit einem heute noch üblichen Alkoholgehalt von 4,5 bis 5,5%. Dunkel war es aber immer noch.

Kleine Bierhistorie III – (Fränkische) Biersorten

Im Jahr 1842 revolutionierte der bayerische Braumeister Josef Groll im böhmischen Pilsen den Biermarkt. Er verwendete helles statt dunkles Malz und gab eine Portion Saazer Aromahopfen bei. Das Pils war erfunden und breitete sich als erstes helles Bier großräumig aus. Ab den 1890er Jahren wurde dann auch das bis dahin dunkle Lagerbier in einer hellen Variante gebraut. Das Helle setzte sich vor allem in Bayern durch und dominierte für Jahrzehnte den Markt. Ein Lager ist also nichts anderes als ein helles oder dunkles Vollbier (bzw. Sommerbier). Das Rauchbier ist eine fränkische Spezialität. Es kann sowohl ober- als auch untergärig hergestellt werden. Für den Geschmack ist das Rauchmalz verantwortlich. Dieses wird produziert, indem die angekeimte Gerste über Buchenholz geräuchert wird. Der Geschmack ist recht umstritten. Zentrum des Rauchbieres ist Bamberg, es gibt aber auch im ober- und unterfränkischen Umland vereinzelte Vertreter.

Beim »U« (»Ungespundeten«) oder Kellerbier oder auch Zwickel handelt es sich um ein unfiltriertes Vollbier, das direkt nach dem Nachgärungsprozess ausgeschenkt wird. Es reift nicht so lange und verfügt über deutlich weniger Kohlensäure, so dass es auch kaum Schaum bildet. Dies kommt daher, dass beim Lagern des Bieres traditionell das obere Loch des Fasses offen blieb, um die Kohlensäure entweichen zu lassen. Dies ersparte beim Anstechen den oberen Teil des Zapfbestecks, auch Pfeiferl oder Spund genannt. Daher der

Name »Ungespundetes«. Der Name Zwickel kommt vom »Zwickelhans«, dem Gefäß, mit dem der Braumeister vor dem Filtern Bierproben entnimmt.

Märzen ist eine fränkische Bezeichnung für Bier, das zum Ende des Winters (März) stärker eingebraut wurde, um als Sommerbier getrunken zu werden. Es musste länger haltbar sein und wurde daher mit mehr Alkoholgehalt versehen. Daher ist Märzen ebenso wie Export genau genommen nur ein Synonym für eine heute übliche Vollbiersorte mit ca. 5% Alkoholgehalt. Teilweise soll das Bier dann wieder mit Wasser gestreckt worden sein, um das Alkoholvolumen auf früher übliche Werte zu senken.

Eine fast unbekannte Variante ist das Steinbier. Hier wird die Maische mittels glühender Steine erhitzt. An den Steinen karamelisiert der Zucker, der sich im Gärbottich wieder löst und vergärt. Steinbier hat einen leicht rauchigen Geschmack, ist aber trotzdem süffig. Früher gab es Steinbier in Rauchenfels in der Nähe von Neustadt bei Coburg. Heute wird es in Bayern noch in Altenmünster hergestellt.

Veit Bronnenmeyer

7 Ein vielzitierter Klassiker

Tour: Variantenreiche Tour rund um Unteraufseß, auch als Brauereienwanderung möglich, mit schönem Talgrund und Schlössern.

Länge: Ca. 10 km.

Dauer: Reine Gehzeit ca. 3 Std.

Höhenunterschied: Ca. 100 m.

Markierungen: MD bis Wanderparkplatz nahe Draisendorf, gelber Kreis bis Heckenhof, rot-weißes Rechteck bis Unteraufseß und Abzweigung blauer Kreis, mit diesem zurück nach Unteraufseß.

Familie: Für Familien gut geeignet.

Saison: Während des ganzen Jahres reizvoll. Der Kathi-Biergarten und die eingeschränkten Öffnungszeiten der Brauereien im Winter machen aber den Sommer zur bevorzugten Jahreszeit.

Besonderheiten: In den Brauereien kann man Stempel sammeln, die einen schließlich zum »Ehrenbiertrinker in der Weltrekord-Gemeinde« Aufseß machen.

Variante: Vom Wanderparkplatz an der Aufseß mit dem schwarzen Kreis und dem rot-weißen Rechteck bis Hochstahl, dann mit dem roten Punkt bis Oberaufseß und weiter wie beschrieben.

Anfahrt: Am besten mit *Kfz*: Jeweils relativ weit von den Autobahnen A73 (Ausfahrt Buttenheim über Heiligenstadt) und A70 (Ausfahrt Stadelhofen über Hollfeld) sowie den Bundesstraßen B505 (Ausfahrt Strullendorf/Heiligenstadt) und B470 (Abzweigung Heiligenstadt/Hollfeld).

Ehrenbiertrinker und Weltrekord-Gemeinde

Wo auch immer über die Vielfältigkeit, Originalität und Qualität des fränkischen Brauwesens diskutiert oder geschrieben wird, darf ein Beispiel nicht fehlen: Aufseß – die in das Guinnessbuch der Rekorde aufgenommene Gemeinde mit 1500 Einwohnern und vier Brauereien, je eine für 375 Personen. Auch wenn hier natürlich die Eingemeindungen Heckenhof, Sachsendorf und Hochstahl mitgerechnet werden, charakterisiert es die fränkischen Gegebenheiten tatsächlich. Die Gemeinde hat diesen Eintrag natürlich dankbar angenommen und müht sich nun mit der Vermarktung, die unser Vergnügen aber nicht schmälert. Eine Wanderurkunde – von den Brauereien ausgestellt und abgestempelt – soll das erfolgreiche Absolvieren einer Wanderrunde zu allen Brauereien bezeugen. Wir konzentrieren uns auf eine schönere Runde mit zwei Brauereien, müssen zwar auf die Urkunde »Ehrenbiertrinker in der Weltrekord-Gemeinde« verzichten, haben aber mindestens ebenso großes Vergnügen.

Startpunkt Burg Unteraufseß

Die schöne Burg Unteraufseß, der Stammsitz des einst blühenden oberfränkischen Geschlechts der von Aufseß mit so wichtigen Persönlichkeiten wie Hans von Aufseß, der 1852 das Germanische Nationalmuseum in Nürnberg gründete, wird noch heute von der Familie bewohnt.

Unterhalb der Burg findet sich ein Wanderparkplatz. Nachdem wir die Straße überquert haben, spazieren wir eine Weile durch das Dorf, vorbei an einer Fischereianstalt. Dann zweigt

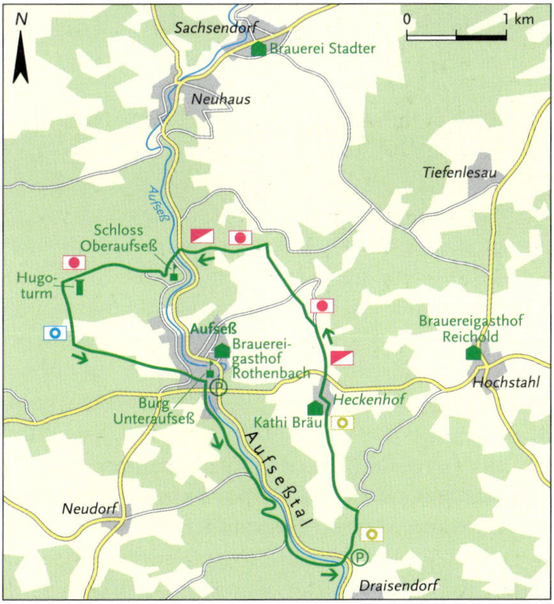

nach links ein mit dem MD markierter Weg ab, der uns zunächst durch den Wald, später an das romantische Flüsschen Aufseß führt. Malerisch murmelt der Bach und macht Appetit auf eine Forelle. Wir überqueren die Aufseß nahe des Örtchens Draisendorf über ein Holzbrücklein und finden auf der gegenüberliegenden Straßenseite einen Wanderparkplatz. Ohne in den Ort zu laufen, folgen wir von hier dem gelben Kreis nach Heckenhof. An einer Weggabelung halten wir uns links, dann tritt der Weg aus dem Wald, und wir wandern noch etwa eineinhalb Kilometer auf Heckenhof zu.

Bei Kathi

Kathi ist Legende – vor allem bei den in der Fränkischen Schweiz allgegenwärtigen Motorradfahrern. Bei diesen ist Kathi der mit Abstand beliebteste Treffpunkt und geistert auch national durch die entsprechenden Foren und Fachmagazine. Man sollte sich aber als »Zivilist« keinesfalls abschrecken lassen. Das dunkle Bier – beinahe schwarz in der Färbung – ist wunderbar süffig und die Stimmung im Biergarten hat etwas ganz Besonderes. Bei Kathi rückt man einfach ungezwungen zusammen. Legende ist auch die Namenspatronin Kathi Meyer selbst, die die Brauerei über Jahrzehnte leitete. Als sie verstarb, trug halb Franken Trauer.

Am Wochenende gibt es dann neben den Brotzeiten natürlich auch warme Mahlzeiten und den – schon wieder eine Legende – berühmten Käsekuchen.

Das diagonal geteilte rot-weiße Rechteck übernimmt nun die Führung. Richtung Norden verlassen wir Heckenhof auf einem asphaltierten Fahrsträßchen. Schon nach 500 Metern stößt von rechts der rote Punkt zu uns. Gemeinsam geht es geradeaus weiter. Nach weiteren 100 Metern wählen wir die linke, unasphaltierte Abzweigung an einer Weggabelung. Nochmals queren wir das Sträßchen und halten uns geradeaus auf den Waldrand zu. Im Wald zeigen uns beide Markierungen eine scharfe Linksabzweigung an und der Weg führt wieder hinab ins Aufseßtal. Auf der gegenüberliegenden Seite der Landstraße geht es nun steil empor zum zweiten Burgenschloss der Familie: dem Schloss Oberaufseß.

Dieses Schloss erbaute 1690 Karl Heinrich von Aufseß aufgrund von Streitigkeiten mit seinem Bruder Friedrich. Der be-

Der jüdische Friedhof liegt am Wegesrand.

deutende fränkische Schriftsteller Hans Max von Aufseß lebte bis 1993 auf diesem Schloss.

Alte Allee und Hugoturm

Der rote Punkt führt uns rechts vom Schloss weiter durch eine wunderbare alte Allee. An deren Ende ist der Hugoturm ausgeschildert. Dieser Aussichtsturm von 1870 ist denkmalgeschützt, kann aber leider nicht mehr besichtigt werden. Das Schild »Lebensgefahr« dokumentiert das nachdrücklich. So wandern wir am Turm vorbei, bis wir kurz darauf auf den blauen Kreis stoßen, der uns nach links weist. Wir passieren den alten Judenfriedhof. Bald steigen wir wieder ab und erreichen Aufseß von Norden her kommend.

Natürlich gibt es auch im Örtchen selbst eine Brauerei. Die Brauerei Rothenbach war bis in die 90er Jahre noch als Sonnenhof und Sonnenbräu bekannt. Solide essen kann man hier. Das Bier hat eine Menge Liebhaber und wird als »Aufsesser« in der Bügelflasche bis nach Nürnberg geliefert.

Das Bier:

Brauereigaststätte Kathi-Bräu, Heckenhof 1, 91347 Aufseß, Tel. 0 91 98/2 77, tägl. 9.00–23.00, Brotzeiten. Dunkles Lagerbier vom Fass (nur für die eigene Gaststätte gebraut), eigene Schnapsbrennerei.

Brauereigasthof Rothenbach, Im Tal 70, 91347 Aufseß, Tel. 0 91 98/9 29 20, 8.00–21.00, Apr–Okt kein Ruhetag, Nov, März Di Ruhetag, Dez–Feb nur Fr–So geöffnet, durchgehend warme Mahlzeiten. Dunkles Bier, Festbier, Pils, Hefeweizen.

Brauereigasthof Reichold, Hochstahl 24, 91347 Aufseß, Tel. 0 92 04/2 71, Mi–So 8.00–24.00, durchgehend geöffnet, Mo, Di Ruhetag. Lagerbier und »Zwickl«, ein typisch fränkisches Kellerbier, sehr empfehlenswert.

Brauerei Stadter, Ortsteil Sachsendorf, Hauptstraße 26, 91347 Aufseß, Tel. 0 92 74/81 93, tägl. 11.00–22.00, durchgehend warme Küche, Mo Ruhetag. Ca. 5-stündige Brauereiführungen möglich, Tel. 09 21/6 68 16. Gut gehopftes »Sachsendorfer Landbier«.

Reinhard Weirauch

Informationen:

Gemeinde Aufseß, Schloßberg 98, 91347 Aufseß, Tel. 0 91 98/99 88 81.

Burg Unteraufseß, Schloßberg 92, 91347 Aufseß, Tel. 0 91 98/99 82 17, www.schloss-unteraufsess.de, Apr–Okt mehrmals tägl. Führungen nach Bedarf (Klingel am Schlosstor) oder telefonischer Vereinbarung.

Karte:

Fritsch Wanderkarte Nr. 53, Naturpark Fränkische Schweiz, Blatt Süd.

Steinerner Beutel und Tanzranch

8

Tour: Halbtagestour von Nankendorf nach Waischenfeld, Breitenlesau und zurück – mit Abkürzungsmöglichkeit.
Länge: Ca. 11 km.
Dauer: Reine Gehzeit ca. 3 1/2 Std.
Höhenunterschied: Nur leichte Anstiege.
Markierungen: Gelber Querstrich von Nankendorf nach Waischenfeld, gelber Punkt nach Breitenlesau, rotweiße Markierung nach Nankendorf.
Familie: Für Kinder ab 8 Jahren geeignet.
Saison: Im Winter bei vereisten Wegen schwer gangbar, nach mehreren Regentagen werden die Flusswiesen sumpfig.
Variante: Durch Auslassung von Waischenfeld samt Burg wird die Tour ca. 2 km und 1 Std. kürzer.
Anfahrt: Am besten mit *Kfz*: Von Nürnberg über die B 2 nach Gräfenberg, dann über Obertrubach nach Gößweinstein, über Behringersmühle und Oberailsfeld nach Waischenfeld. Oder über die A 9, Ausfahrt Pegnitz, dann B 470 nach Pottenstein, über Behringermühle und Oberailsfeld nach Waischenfeld.

An der Wiesent

Ausgangspunkt ist die Brauereigaststätte Schroll in Nankendorf. Wir überqueren den Fluss, wenden uns dann rechts und folgen der Markierung gelber Querstrich (teilweise stark verblasst). Der Teerweg geht nach einigen 100 Metern in einen Feldweg über und führt mal näher am Fluss, mal weiter davon entfernt durch den Talgrund der Wiesent. In Nankendorf ist an einem kleinen Wehr noch ein altes (aktives) Mühlrad zu sehen. Nach etwa einem Kilometer stoßen wir auf den Bauernhof Schlösslein. Hier trennen sich nun die wackeren Historiker von den durstigen Krug-Freunden. Letztere wenden sich nach rechts, überqueren die Wiese und einen Steg und stoßen hinter der Währl'schen Kunstmühle auf die Abzweigung der

Landstraße nach Breitenlesau. Rechts davon führt die Markierung gelber Punkt leicht bergauf in den Wald. (Durstige lesen weiter ab »Zur Tanzranch und zurück«.)

Burg Waischenfeld

Hobbyhistoriker und andere Freunde alter Baudenkmäler gehen nach dem Bauernhof Schlösslein halb links weiter. Kurz darauf gabelt sich der Weg, wir halten uns rechts und folgen der Route bis zum Freibad. Hier auf dem Parkplatz rechts halten und der Fischergasse in den Ort folgen. Wir gehen über die Brücke beim Rathaus und überqueren den Fluss, links sehen wir das alte Mühlrad der Stadtmühle von 1890. Gegenüber erhebt sich die Burg samt dem Rundturm Steinerner Beutel, dem Wahrzeichen der Stadt Waischenfeld. Der Steinerne Beutel ist der letzte Rest eines Rüssenbacher Burggutes, das sich auf einer Felsgruppe im Norden der Hauptburg befand. Spuren verschiedener Bebauungen mit Burgen, Schlössern und Umfassungsmauern lassen sich bis ins 13. Jahrhundert zurückverfolgen. Die verschiedenen Burgen und Bebauungen wurden

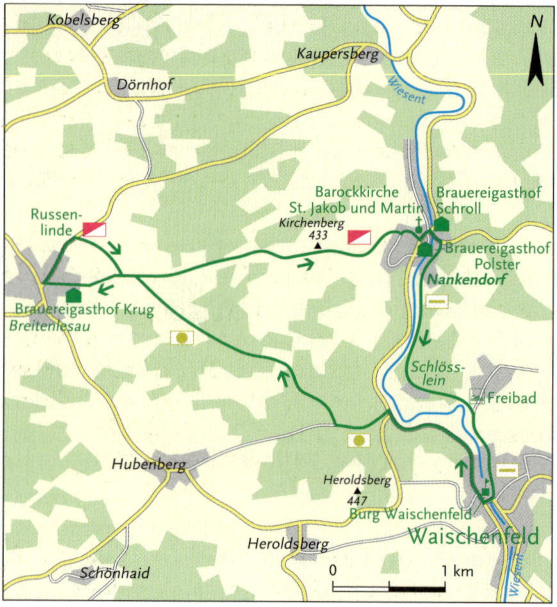

Vorfrühling an der Wiesent

im 15. Jahrhundert von den Hussiten verwüstet, im Markgrafenkrieg 1553 ausgebrannt und schließlich im Dreißigjährigen Krieg nochmals zerstört. Nach dem Ende des Heiligen Römischen Reiches verfielen die meisten Burgteile und wurden nach und nach als Steinbrüche abgetragen. Vom Alten Haus, der Burg der Edelfreien von Waischenfeld, steht auf einer dreieckigen Felskuppe über der Stadt noch die Futtermauer am Süd- und Ostrand mehrere Meter hoch. Das heute noch stehende Oberamtsschloss wurde in den Jahren 1754–56 errichtet. Von einer Aussichtsterrasse lässt sich der schöne Blick ins Wiesenttal genießen. Burgschänke und Biergarten sind täglich geöffnet.

Um die Tour wieder aufzunehmen, begeben wir uns wieder zurück zur Hauptstraße und verlassen den Ort in nördlicher Richtung. Nach dem Ortsschild beginnt ein kleiner Pfad, welcher links der Straße bis zur Abzweigung nach Breitenlesau führt. Rechts von der Straße beginnt die Markierung gelber Punkt. Hier stoßen wir dann wieder auf den Weg, den die Durstigen schon gegangen sind.

Zur Tanzranch und zurück

Der Wanderweg geht ca. zwei Kilometer leicht bergauf durch Nadelwald und bringt uns über einen teilweise gepflasterten

Feldweg nach Breitenlesau. Der Name dieses Ortsteils ist für Bierkenner ein Synonym für das dunkle Landbier der Brauerei Krug. Der in den letzten Jahren immens gestiegene Absatz dieses Bieres ist jedoch nicht nur dem »Export« in den Großraum Nürnberg geschuldet, sondern auch dem Tanzlokal, das die Familie Krug gleich neben dem Brauereigasthof betreibt. Das dunkle Lagerbier hat in Nürnberg und Umgebung bereits Kultstatus erreicht. Nahezu unbekannt, aber keinesfalls schlechter, ist dagegen das Helle, das als »Pils« bezeichnet und ebenfalls in der Gaststätte ausgeschenkt wird. Zur Stärkung bietet die Küche ein gängiges Sortiment an kalten und warmen Speisen an.

Unweit der Gaststätte befindet sich eine Kapelle. Davor stehend wenden wir uns nach rechts und biegen dann gleich wieder links auf die Hauptstraße ein. Wir verlassen den Ort entlang der Straße und erfreuen uns an der 600 Jahre alten Russenlinde am Ortsende. Hier befindet sich eine Gedenksäule mit der Inschrift »J. S. 1813«, die Rückseite trägt die Bezeichnung »A. F. 1823«. Die Säule soll einem russischen General gesetzt worden sein, der beim Durchmarsch russischer Truppen zu Beginn des 19. Jahrhunderts an dieser Stelle plötzlich verstorben sein soll. Nach einer anderen Version sollen ihn seine eigenen Soldaten im nahen Wüstenstein so verprügelt haben, dass er sich auf der Flucht nur noch bis Breitenlesau schleppen konnte, wo er dann im Haus Nummer 24 verstarb. Hier beginnt auch die rot-weiß-geteilte Markierung, die uns über drei Kilometer zurück nach Nankendorf führt, wo geneigte Kunstfreunde auch noch einen Blick in die Barockkirche St. Jakob und Martin mit Rokoko-Ausstattung werfen können. Zur verdienten Einkehr sei die Brauereiwirtschaft Schroll empfohlen. Außer kalten Brotzeiten gibt es Bratwürste. (Vorsicht: Die oberfränkischen Bratwürste sind wesentlich feiner und meist fader als in Mittelfranken üblich.) Das (Halb-)Dunkle ist ein herb-rundes Landbier und bisweilen auch schon außerhalb Nankendorfs erhältlich. Sehr empfehlenswert! Von Ende November bis Ostern gibt es auch Bockbier, beim Hellen sollte der junge Braumeister noch ein wenig nachbessern. Die schräg gegenüberliegende Brauereiwirtschaft Polsterbräu bietet eine deutlich gehobenere Küche mit ebensolchen Preisen.

Das Bier:

Brauereigasthof Krug, Breitenlesau 16, 91344 Waischenfeld, Tel. 0 92 02/5 35, www.krug-braeu.de, Di–So 8.00–24.00, Mo Ruhetag, warme und kalte Speisen, günstige Fremdenzimmer. Dunkles Lagerbier, Helles (»Pils«).

Brauereigasthof Schroll, OT Nankendorf 41, 91344 Waischenfeld, Tel. 0 92 04/2 48, 9.00–23.00, ggf. auch länger, Di Ruhetag. Herb-rundes Landbier, Bockbier, Helles.

Gasthof Polsterbräu, OT Nankendorf, 91344 Waischenfeld, Tel. 0 92 04/3 81, tägl. 11.00–23.00, Do Ruhetag.

Veit Bronnenmeyer

Informationen:

Stadt Waischenfeld, Tourist-Information, Marktplatz 58, 91344 Waischenfeld, Tel. 0 92 02/1 94 33 oder 0 92 02/96 01 17.

Karte:

Fritsch Wanderkarte Nr. 53, Fränkische Schweiz, Blatt Süd.

9 Jede Menge Ahs und Ohs

Tour: Kurze Runde ab Oberailsfeld, die alles zeigt, was die Fränkische Schweiz zu bieten hat.
Länge: Ca. 9 km.
Dauer: Reine Gehzeit ca. 2–3 Std.
Höhenunterschied: Ca. 150 m.
Markierungen: Bis Ludwigshöhle blaues Kreuz, bis Burg Rabenstein ausgeschildert, bis Oberailsfeld grüner Punkt.
Familie: Wunderbare, kompakte Runde mit vielen Höhepunkten, die auch den Kindern gefallen werden.
Saison: Das ganze Jahr über reizvoll.
Besonderheiten: Felsen und Höhlen säumen den Weg. Die Sophienhöhle ist eine der schönsten Tropfsteinhöhlen Frankens. Ein Besichtigungsstopp wird dringend empfohlen.
Anfahrt: Am besten mit *Kfz*: Über die B 470 bis Behringersmühle, weiter Richtung Oberailsfeld.

Eine Wanderrunde wie gemalt: Höhlen, Burgen, Felsen

Das Ailsbachtal ist wunderbar. Es bedarf keiner großen Kontemplationsfähigkeit, um bei dieser Wanderung die Schönheit der Natur zu spüren. Auch der sprödeste Rationalist wird bei diesen landschaftlichen Reizen der Fränkischen Schweiz ab und an so etwas wie Romantik empfinden.

In Oberailsfeld stehen – so gehört sich das schließlich, um nach der sonntäglichen Beichte zügig ein wenig zum Sündigen zu kommen – Kirche und Brauerei dicht beieinander. Parken kann man hier auch. Die barocke Pfarrkirche St. Burkard – dem ersten Würzburger Bischof geweiht – mit ihrem spätbarocken Hochaltar ist überaus sehenswert und typisch für fränkische Architektur.

Das blaue Kreuz führt uns gegenüber der Brauerei Held aus dem Dorf hinaus. Sogleich wandern wir an Felsen entlang über grüne Fluren im Tal. Wären wir nicht eben erst gestartet, wir könnten dem überdachten Rastplatz, den wir schon bald passieren, wohl kaum widerstehen. So aber geht es weiter. Wir tauchen in den Wald ein und steigen nun bergan. Oben angekommen gabelt sich der Weg, wir halten uns rechts. Der Waldpfad senkt sich wieder hinab und wir treffen auf eine weitere Weggabel mit einem Kletterfelsen zur Linken. Im Sommer können wir hier Kletterern bei ihrem erstaunlichen Sport zusehen. Wir halten uns links und gehen direkt darauf zu. Plötzlich öffnet sich der Fels und gewährt uns Durchgang. Nun erklärt sich auch der Name Schlupflochfelsen. Wenig später überqueren wir eine Landstraße und erreichen linker Hand den Rennerfelsen. Das blaue Kreuz führt uns nun am rechten Ufer des Ailsbachs entlang. Der Weg steigt an und bietet wunderbare Ausblicke. Bald schon erblicken wir auf der anderen Seite die mächtige Burg Rabenstein. Auch sie mutet an, als entstamme sie einem Bilderbuch. Zunächst aber passieren wir das Schneiderloch, eine weitere Durchgangshöhle. Eine Abzweigung, die nach links Richtung Neumühle weist, ignorieren wir. Unser Waldpfad bleibt auf der Höhe. Immer wieder genießen wir den Blick ins Tal. Schließlich führt uns der Weg in Serpentinen doch hinab und wir halten uns bei einer Wegteilung links. So erreichen wir die eindrucksvolle Höhlengrotte der Ludwigshöhle.

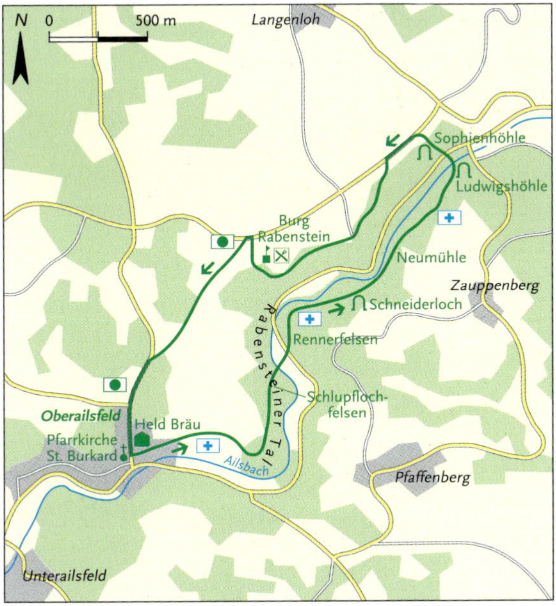

Sophienhöhle und Burg Rabenstein

Der Höhepunkt steht uns nach diesem wunderbaren Weg aber noch bevor. Wir überqueren die nahe Landstraße und steigen über Treppenstufen bergan zur gut ausgeschilderten Sophienhöhle. Sie ist die älteste der Öffentlichkeit zugängliche, aktive Tropfsteinhöhle Süddeutschlands und wurde bereits 1833 entdeckt. Ebenso bizarre wie geheimnisvoll-schöne Tropfsteine mit Fantasienamen wie »Millionär«, »orientalische Stadt« oder »Adler« befinden sich im Herzen der Höhle. Ein eiszeitliches Höhlenbärenskelett gibt es ebenfalls zu bewundern. Es ist eine eigene Welt, die man erleben sollte und die gerade Kinder staunen lässt. Toll ist auch die Samstagabend-Führung »Sophie at night«. Dann wird weniger Naturkunde betrieben, sondern die Höhle in einer Multimediashow farbenprächtig beleuchtet. Dazu erklingt eigens komponierte Musik. Der Abend klingt bei einem Lagerfeuer vor der Höhle aus.

Leicht fröstelnd verlassen wir die konstant neun Grad Celsius kühle Höhle (Achtung: Ein Pullover schadet während der Führung nicht.) und gehen nach rechts, am Ticketverkauf vorbei. Wieder ist der Waldpfad felsig und wunderschön.

Bald schon hören wir geheimnisvolle Geräusche, Flügelschlagen und Vogelschreie. Unser Weg führt unterhalb der Falknerei der Burg Rabenstein entlang. Schräg über uns sehen wir die Käfige von über 80 verschiedenen Eulen und Greifvögeln. Im Sommer findet hier täglich um 15.00 Uhr eine Flugshow statt.

Wir erreichen Burg Rabenstein. Die ältesten Teile der imposanten Anlage stammen aus dem 12. Jahrhundert. Die Rabensteiner verloren aber bereits im 13. Jahrhundert ihren Stammsitz wieder und mussten rund 300 Jahre warten, ehe sie ihn zurückerwerben konnten. Heute ist die Burg ein Tagungs- und Eventzentrum, kann aber meist besucht werden. Zweimal jährlich findet auch der Mittelaltertag mit Handwerkern, Händlern, Gauklern und Musikern statt. Die Termine wechseln jährlich. Zur Rast lädt schließlich die Burgschänke mit dem großen Biergarten.

Zum Bier-Held

Zwischen Biergarten und Burgschänke hindurch verlassen wir mit dem grünen Punkt Rabenstein. Bald erreichen wir eine Straße und folgen ihr nach links. Kurz nur geht es über As-

Held-Bräu erfreut sich eines zunehmenden Bekanntheitsgrades.

phalt, dann zweigt ein Feldweg (und unsere Markierung) nach einem Trafohäuschen nach links ab. Mit ihm kommen wir, wenn wir an der Gabelung halb rechts gegangen sind (Achtung, nicht Richtung Wald!), nach einem guten Kilometer wieder auf eine Landstraße, wo wir uns links halten und kurz darauf nach Oberailsfeld zurückkommen.

Die Brauerei Held ist das würdige Ende einer außergewöhnlichen Tour. In der urgemütlichen Gaststube mit Kachelofen gibt es ebenso leckere Brotzeiten wie am Wochenende warme Speisen. Und das Bier – helles Bier, dunkles Bauernbier, Weizen und Pils – erlangt nach und nach die Bekanntheit, die es verdient. Beachtenswert sind die seltenen kulturellen Events im Felsenkeller der Brauerei Held. Dort erlebt man dann so ungewöhnliche Kombinationen wie Rockmusik und Ringelnatzgedichte. Held-Bräu passt bestens zu solch einer wunderbaren urfränkischen Runde – Qualität mit dem nötigen Maß Understatement.

Das Bier:
Held Bräu, Oberailsfeld 19, 95491 Ahorntal, Tel. 0 92 42/2 95, www.held-braeu.de, Mo–So 9.00–24.00, Mi Ruhetag,

Brotzeiten, So warme fränkische Küche. Helles, dunkles Bauernbier, Weizen, Pils.

Burgschänke Rabenstein, 95491 Ahorntal, Tel. 0 92 02/ 97 25 99, www.burg-rabenstein.de, tägl. 11.30–23.00 (nicht immer geöffnet, bitte anrufen), warme Speisen, Do ist Burgtag mit Angeboten.

Reinhard Weirauch

Informationen:

Tourist-Info, Im Rathaus, 95491 Kirchahorn, Tel. 0 92 02/2 00.

Burg Rabenstein, 95491 Ahorntal, Tel. 0 92 02/97 05 80, Apr–Okt Di–Fr 11.00, 14.00 und 16.30 Führungen, Sa, So 11.00–16.30 zu jeder halben Std. Führungen (ca. 25 Min.).

Falknerei, Burg Rabenstein 34, 95491 Ahorntal, Tel. 0 92 02/97 04 98, Apr–Okt, Di–So und Fei 11.00–17.00, Flugvorführung 15.00.

Sophienhöhle, Apr–Okt Führungen 10.30–17.00 jede halbe Std., Mo Ruhetag (außer Fei), Nov–März Sa, So 11.00–16.00 jede halbe Std., größere Gruppen sollten sich anmelden, »Sophie at night«, Apr–Okt Sa 18.00–20.00, letzter Einlass 20.00: Multimediashow in der Sophienhöhle.

Karte:

Fritsch Wanderkarte Nr. 53, Naturpark Fränkische Schweiz, Blatt Süd.

Das Märchental mit Freizeitangeboten

10

Tour: Wunderschöne Tour um Pottenstein mit zahlreichen weiteren Möglichkeiten zur Freizeitgestaltung in Pottenstein.

Länge: Ca. 16 km.

Dauer: Reine Gehzeit 4–5 Std.

Höhenunterschied: Ca. 150 m.

Markierungen: Bis Bronn MD, bis zum Wegkreuz gelbe Raute, bis zur Mittelmühle grünes Kreuz, zurück mit MD.

Familie: Für Familien mit etwas älteren Kindern sehr gut geeignet. Pottensteins Freizeitangebote sind eine große Motivationshilfe für Kind und Kegel.

Saison: Die Tour ist zu jeder Jahreszeit ungewöhnlich schön.

Besonderheiten: Jedes Jahr am Dreikönigstag (6. Jan) feiert Pottenstein den traditionellen Beschluss der Ewigen Anbetung. Während der Prozession werden rund 1 000 Feuer auf den Felsen rings um Pottenstein angezündet und verzaubern die Zuschauer. Ein tolles Bild mit einer Tasse Glühwein in der Hand.

Variante: Wer die Tour abkürzen möchte, parkt bei der Schüttersmühle und läuft von dort ab wie beschrieben.

Anfahrt: *Kfz:* Über die A 9 Ausfahrt Pegnitz/Grafenwöhr. *ÖPNV:* Mit dem Bus ab Pegnitz oder Ebermannstadt.

Eintauchen in eines der schönsten Täler Oberfrankens

Pottenstein ist eines der touristischen Zentren der Fränkischen Schweiz. Ausschlaggebend ist die herrliche Lage mitten im Püttlachtal, umgeben von Felsen, dekoriert mit einer Burg und in der Nähe von Deutschlands größter und weltweit bekannter Tropfstein-Schauhöhle, der Teufelshöhle. Insbesondere auf diese Attraktion setzend hat Pottenstein das historische Felsenbad restauriert und eine Sommerrodelbahn angelegt. Trotzdem: Wer das nicht weiß, bemerkt meist eigentlich nur etwas mehr Ausflügler und Busse, die Atmosphäre hat noch lange nichts gemein mit manchem wirklichen Touristenort.

Unsere Tour beginnt im Ortskern. Wir laufen zur B 470, die am Rand von Pottenstein entlangführt, und überqueren diese. Hier finden wir die blaue MD-Markierung des Main-Donau-Weges, dem wir in östlicher Richtung folgen. Bald schon erreichen wir die angesprochenen Touristenziele. Der Weg steigt etwas an, ehe er den Schöngrundsee mit Tretbootverleih und schließlich die Teufelshöhle passiert. Dann kommen wir an die Schüttersmühle, dem Eingang zum Klumpertal, einem märchenhaft schönen Tal.

Grüße der Gebrüder Grimm

Der MD-Wanderweg und Wegweiser ins Klumpertal führen uns mitten durch die kleine Ansammlung von Häusern. Sogleich umfängt uns eine andere Welt. Felsen drängen an den Weg, im Grund weiden Ziegen und Gänse, saisonal singen die Vögel in den Bäumen. Nach zehn Minuten lassen die Gebrüder Grimm endgültig schön grüßen, man tritt aus dem Wald und ist sich sicher, dass man nun endgültig Schneewittchen, wenigstens

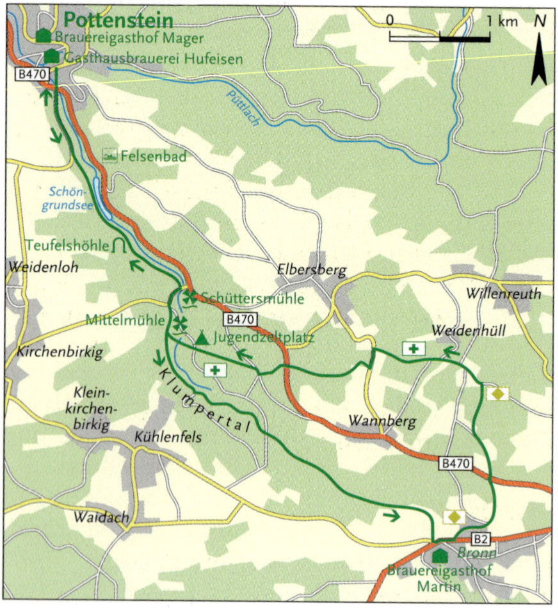

Felsformationen im Klumpertal

aber eine fröhliche Gruppe arbeitsamer Zwerge trifft: Vor uns liegen die Gebäude der Mittelmühle. Hier machen – statt eines Wachhundes – die Gänse ordentlich Rabatz, wenn man, dem Wanderweg folgend, mitten durch sie hindurch marschiert.

Weiter zieht sich unser Weg durch das Klumpertal, man verstummt und genießt Wald und Felsformationen. Eine Gabelung Richtung Betzenstein ignorieren wir. Vorbei geht es nun an einer Reihe kleiner, sorgsam gepflegter Forellenteiche.

Von rechts kommt ein Weg heran, mit dem wir nach links weiterwandern, das blaue MD begleitet uns bis Bronn. Wir überqueren einen Forstweg und wechseln etwas später die Talseite. Unvermittelt öffnet sich das Tal, rechts erblicken wir einen eindrucksvollen, gehöhlten Fels, vor uns den Kirchturm von Bronn, auf den wir – die letzten Meter auf Asphalt – zuhalten.

Nach all der Schönheit werden wir durch die vielbefahrene B 2 aus unseren Märchenträumen gerissen.

Bier aus der Oberpfalz

Wir überqueren die B 2 und gehen nun ein Stück mit der gelben Raute nach Bronn hinein. Bis vor wenigen Jahren gab es auch in Bronn noch eine selbständige Brauerei. Heute wird Bier aus der Oberpfalz ausgeschenkt. Ausschlaggebend waren Auflagen der EU, die den Betrieb nicht mehr rentabel machten. Fränkisch essen kann man im Brauereigasthof Martin bis heute und sogar das »Schlichter Winklerbräu« aus Vilseck/Oberpfalz schmeckt.

Schon nach 200 Metern geht es links zurück an die B 2, die wir erneut überqueren und ansteigend aus Bronn hinauslaufen. Nachdem wir ein Wäldchen passiert haben, queren wir nun erneut die B 470. Der Weg senkt sich, dann zweigt von der Asphaltstraße ein unbefestigter Weg nach rechts ab, kurz darauf wenden wir uns am Waldrand entlang nach links. An einer Wegkreuzung wechseln wir die Talseite und gehen nun am linken Waldrand entlang. Nach einem halben Kilometer stößt an einem Wegkreuz das grüne Kreuz zu uns, wir folgen ihm, nun nach links. Ein Wegweiser zeigt uns die Richtung zum Klumpertal. Die Markierungen sind nun schwer zu entdecken, wir halten aber die Richtung und queren ein kleines Landsträßchen. Der nächsten Landstraße folgen wir nach links und treten nach wenigen Metern wieder in den Wald ein. Der Pfad verläuft parallel zur Straße, führt dann tiefer in den Wald und trifft auf eine Forststraße. Wir halten uns geradeaus. Linker Hand sehen wir kurz Wannberg liegen, dann kurvt der Weg durch einen lichten Fichtenwald.

Ein letztes Mal kreuzen wir die B 470 und steigen kurz an. Nach der Steigung geht der Weg, gut beschildert, kurz rechts und sofort wieder links. Schnurgerade zieht sich nun der Weg durch einen Mischwald bis zum Jugendzeltplatz Altendorf. Rechts am Hauptgebäude vorbei senkt sich der Weg hinab ins Klumpertal zurück zur Mittelmühle. Von hier gehen wir mit unserer Markierung MD zurück nach Pottenstein.

Das Hufeisen verheißt Glück

Zwei Brauereigasthöfe locken in Pottenstein zur Einkehr. Der Brauereigasthof Mager lädt in ein liebevoll renoviertes Fachwerkhaus ein und bietet alles, was ein hungriger Wanderer wünscht. Insbesondere das dunkle Bier ist ausgesprochen lecker.

Noch etwas beliebter ist die Brauerei Hufeisen. Deren naturtrübes Dunkles wird seit Generationen nach gleichem Rezept gebraut und die malzige Süße der fränkischen Biere ausgezeichnet mit dem bitteren Hopfenaroma kombiniert. Ein Bier, das zum Trinken verführt. Die Brauerei ist hier in den Gastbereich integriert und bietet so einen kleinen Blick hinter die Kulissen. Beide Brauereien sind empfehlenswert, und auch hier hat der Tourismus keinen Schaden an Qualität und Originalität verursacht.

Das Bier:

Brauereigasthof Mager, Hauptstraße 15, 91278 Pottenstein, Tel. 0 92 43/3 33, Mo–So 9.00–24.00 Uhr, warme Speisen 11.30–14.00 und 17.00–21.00, typisch fränkische Spezialitäten: Forellen, Schäufele. Dunkles Bier.

Gasthausbrauerei Hufeisen, Hauptstraße 38, 91278 Pottenstein, Tel. 0 92 43/2 60, Di–So 9.00–23.00, Mo Ruhetag, warme Speisen 11.00–14.00 und 17.00–21.00, typisch fränkische Spezialitäten, aber auch internationale Küche, eigene Brennerei. Naturtrübes Dunkles.

Brauereigasthof Martin, Klumpertalstraße 49, 91257 Bronn/Pegnitz, Tel. 0 92 41/38 91, Mo–So ab 11.00, Di Ruhetag, 11.30–14.00 Mittagstisch, 16.30–21.00 warme Küche. »Schlichter Winkelbräu« aus Vilseck/Oberpfalz.

Reinhard Weirauch

Informationen:

Verkehrsbüro Pottenstein, Forchheimer Straße 1, 91278 Pottenstein, Tel. 0 92 43/7 08 41.

Extras:

Felsenbad im Weihersbachtal südlich von Pottenstein an der B 470, Tel. 0 92 43/70 05 92, Mai–Sep 09.30–19.00.

Teufelshöhle (mit Höhlenkur und Kulturprogramm), an der B 470, Tel. 0 92 43/2 08, www.teufelshoehle.de, Apr–Okt 9.00–17.00, Nov–März Di, Sa, So 10.00–15.00.

Sommerrodelbahn, direkt an der B 470, unweit der Teufelshöhle, Tel. 0 92 43/9 22 00, Apr–Okt 10.00–17.00.

Karte:

Fritsch Wanderkarte Nr. 53, Naturpark Fränkische Schweiz, Blatt Süd.

11 Segelflug und große Klöße

Tour: Von An- und Abstiegen geprägte Runde über die Friesener Warte.
Länge: Ca. 10 km.
Dauer: Reine Gehzeit ca. 2 1/2 Std.
Höhenunterschied: Ca. 350 m.
Markierungen: Bis Ketschendorf nicht durchgängig markiert, bis zum Fluggelände zurück roter Querstrich, bis zum Wanderparkplatz unmarkiert.
Familie: Für Kinder evtl. etwas anstrengend, dafür nicht zu weit, und der Besuch eines Flugplatzes ist immer spannend (siehe Variante).
Saison: Gut ausgebaute Wege, auf denen sich auch im Winter gefahrlos wandern lässt. Allerdings muss man zu dieser Jahreszeit auf den Flugbetrieb verzichten.
Variante: Viel kürzer ist die Runde, wenn man den Flugplatz nur einmal umwandert und auf gleichem Weg zurückspaziert.
Anfahrt: Am besten mit *Kfz*: Über die A73 bis Ausfahrt Hirschaid und Seigendorf nach Friesen.

Zum Flugplatz

Passiert man das Dorf Friesen auf geradem Wege, findet man am Ortsende einen Wanderparkplatz. Geschottert führt hier die Straße weiter, ist aber durch eine Schranke für den Verkehr gesperrt. Wir folgen ihr zu Fuß und steigen in einer einzigen weiten Serpentine etwa zwei Kilometer leicht, aber stetig durch den Wald an.

Wir stoßen auf eine Teerstraße am oberen Parkplatz, die nach rechts steil hinauf zum Segelflugplatz Friesener Warte führt. Nach dem kurzen, aber anstrengenden Aufstieg zweigen wir mit dem roten Querstrich von der Straße nach rechts ab. Bereits nach 200 Metern erreicht man das Fluggelände. Noch aber ist nichts zu sehen. Der geschotterte Weg führt weiter geradeaus, wir aber biegen in den Wald nach rechts ab, durch Wiesen und entlang von Heckenrainen. Seltene Orchideen gibt es am Wegesrand zu bewundern.

Dann sehen wir die Start- und Landebahn. Das heißt, eigentlich sehen wir nur eine große Wiese auf der Hochfläche der Friesener Warte. Seit 1927 wird hier Segelflugsport betrieben.

Heute engagiert sich der Verein LSV Friesen für diese luftige Wochenendbeschäftigung. Gleich sechs ehrenamtliche Segelfluglehrer geben Stunden. Entsprechend rege ist der Flugverkehr von Ostern bis Oktober jeweils samstags ab 14.00 Uhr und sonntags ab 10.00 Uhr. Einige Bänke mit bester Aussicht laden ein, den abenteuerlichen Start- und Landemanövern ein Weilchen zuzusehen. Motorlärm stört hier nicht, die Segler rauschen nur etwas im Wind.

An der Hangkante laufen wir am Gelände entlang bis zur Südspitze. Hier wechselt der Weg an der Umzäunung zur anderen Seite. Wir aber wählen die Rechtsabzweigung entlang der Abbruchkante und wandern recht steil bergab Richtung Ketschendorf. Der Weg tritt in den Wald ein. Dann kommen wir an ein Teersträßchen, kurz links, dann wieder rechts, hinab nach Ketschendorf. Leider gibt es keine eigene Brauerei hier, dafür kann man im Gasthaus Kramer Spezialitäten aus dem Fleisch schottischer Hochlandrinder kosten. Und man kann sich die Zotteltiere vorher ansehen: Geradewegs durch Ketschendorf

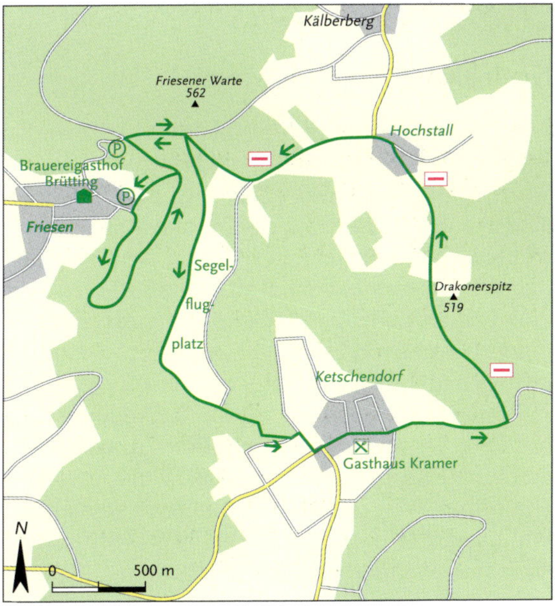

Am Wegesrand

hindurch geht die Straße in einen geschotterten Weg über, und hier weiden sie dann ab und an: wollig, beeindruckend gehörnt und auch noch lecker.

Noch einmal über die Warte

Wieder geht es kräftig bergauf. An einer Kreuzung zeigen ein Wegweiser und der rote Querstrich nach links zur Friesener Warte. Der Schotterweg gabelt sich nach einer Weile. Die Linksabzweigung ist mit einer Schranke versehen, wir wählen den rechten Weg und steigen weiter an. Dann ist die Höhe erreicht und wir treten aus dem Wald. Über offenes Feld wandern wir jetzt bequem auf der Höhe und passieren schließlich die wenigen Häuser von Hochstall. An einem Rastplatz am Ortsende geht es halb links weiter mit dem roten Querstrich zurück zum Fluggelände. Kurz bevor wir das Gelände erreichen, biegen wir mit dem Wegweiser Richtung Friesen nach rechts ab und steigen hinab zum oberen Parkplatz. Von hier gehen wir zunächst den selben Weg zurück, wählen dann aber einen unauffälligen Waldpfad, der nach rechts steil hinabführt und uns direkt zurück zum Wanderparkplatz bringt.

Klöße satt

Schon auf der Hinfahrt sind wir am Brauereigasthof Brütting vorbeigefahren. Bei so vielen Auf- und Abstiegen haben wir uns nun ein reichliches Mahl verdient und damit hat der Brütting wahrlich kein Problem. In den Klößen ließen sich nicht nur knusprig geröstete Semmelwürfel (Griebla), sondern wohl eher gleich ganze Semmeln unterbringen. Auch das Schäufele könnte eine Kleinfamilie sättigen. Das tut aber dem Geschmack keinerlei Abbruch. Allein der Charme der Gaststube und des Personals geht eher in Richtung rustikal, und die in verschiedene Serviermulden unterteilten Krankenhausteller organisieren Fleisch, Sättigungsbeilage und Gemüse etwas zu streng.

Aber was soll's. Möglicherweise ist das genau das Ambiente, das das ausgezeichnete Bier benötigt, um sich artgerecht fränkisch zu entfalten. Und was gibt es überhaupt noch zu mosern, wenn man ein Seidla so günstig bekommt.

Mahlzeit!

Das Bier:

Brauereigasthof Brütting, Hauptstraße 16, 96114 Friesen/Hirschaid, Tel. 0 95 45/85 81, Do–Di ab 9.00, Mi Ruhetag, fränkische Küche satt 11.00–21.00. Vollbier vom Fass.

Gasthaus Kramer, Ketschendorf 19, 96155 Buttenheim, Tel. 0 95 45/74 32, Di, Do, Fr ab 16.00, Mi, Sa, So ganztägig, Mo Ruhetag, selbstgebackenes Brot und Kuchen, Spezialitäten aus dem Fleisch schottischer Hochlandrinder.

Reinhard Weirauch

Informationen:

Fremdenverkehrsbüro Hirschaid, Luitpoldstraße 16, 96114 Hirschaid, Tel. 0 95 43/44 34 50.

Extras:

Wen nach dem Besuch des Segelflugplatzes selbst das Flugfieber packt, findet alles über Flugplatz und Ausbildung unter www.friesener-warte.de

Karte:

Fritsch Wanderkarte Nr. 53, Naturpark Fränkische Schweiz, Blatt Süd.

12 Der Schwarze Keller

Tour: Eine gut ausgebaute Runde von Weigelshofen zum Schwarzen Keller, einem der schönsten und traditionsreichsten Bierkeller Frankens. Eignet sich in der langen Variante auch bestens für eine Radtour.

Länge: Ca. 10 km.

Dauer: Reine Gehzeit ca. 2 1/2 Std.

Höhenunterschied: Ca. 200 m.

Markierungen: Rotes Dreieck bis Wanderparkplatz Rettern, roter Querstrich bis Lange Meile, dann unmarkiert bis zum Schwarzen Keller.

Familie: Am Schwarzen Keller ist viel Platz für Kinder, um sich dem Abenteuer Wald zu widmen. Entsprechend beliebt bei den Eltern, die in Ruhe ein Kellerbier genießen.

Saison: Auch im Winter lohnt sich die Tour, dann mit einem Besuch im Gasthof Brauerei Pfister.

Besonderheiten: Für Radfahrer ist nur das kurze Stück hinab von der Langen Meile nicht einfach und wohl eher ein Anlass zum Absteigen.

Variante: Für Radfahrer lohnend: Der Langen Meile bis zum Flugplatz Feuerstein folgen, von hier mit senkrechtem Gelbstrich bis Drosendorf (sehenswert die Marienkirche mit beachtlicher bildnerischer Ausstattung) und mit dem roten Dreieck zurück nach Weigelshofen.

Anfahrt: Am besten mit *Kfz*: Auf der A73 bis Ausfahrt Buttenheim, Richtung Eggolsheim bis nach Weigelshofen.

Eines der besten Biere Frankens

Im Winkel zwischen der Autobahn A73 und den Städten Forchheim und Ebermannstadt eingeklemmt, ist es eigentlich schwer, landschaftlich mit dem Herzen der Fränkischen Schweiz oder dem Naturpark Steigerwald mitzuhalten.

Vielleicht besinnt sich Weigelshofen, das in diesem Winkel liegt, deshalb auf seine »Kernkompetenzen« und bietet eines der besten Biere Frankens. Die Brauerei Pfister zeichnet hierfür verantwortlich. Im dortigen Gasthof kann man gut und gemütlich essen und natürlich die Bierspezialitäten genießen. Noch schöner ist nur der Bierkeller der Brauerei, der etwa zwei Kilometer vom Ort entfernt im Wald liegt. Und dort kann man dann schließlich auch einen Spaziergang in der Natur unternehmen, ohne allzu nah an Autobahn und urbane Zivilisation heranzukommen.

Vorfreude ist die schönste Freude

Etwas beschwerlich, weil wenig spektakulär, ist der Weg zu Fuß von Weigelshofen zum so genannten Schwarzen Keller. Kurz hinter dem nördlichen Ortsende führt eine kleine, gut ausgeschilderte Straße nach rechts. Zwei Kilometer kann man ihr folgen, um den Waldparkplatz zu erreichen, der bei schönem Wetter immer gut belegt ist. Wer diese Strecke mit dem Auto zurücklegt, hat nichts Entscheidendes verpasst. Von hier sind es noch etwa 200 Meter bis zum Keller, der rechts unterhalb des Weges liegt.

Wir aber verdienen uns unseren geplanten Kelleraufenthalt, gehen auf dem Waldweg geradeaus und schwelgen in Vorfreude,

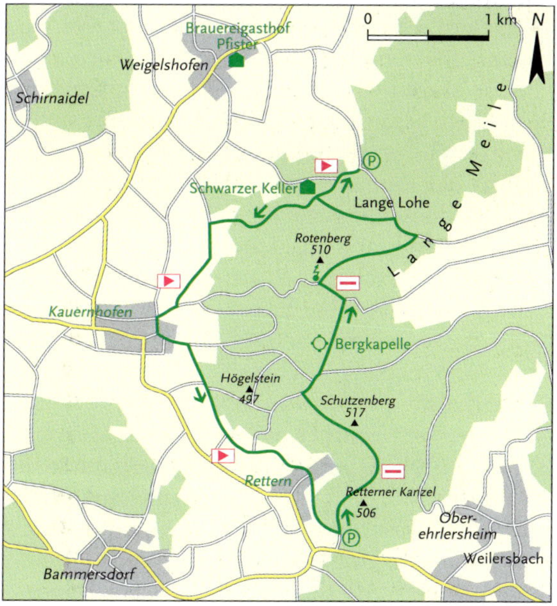

die aus einem ersten Blick hinab auf Tische und Bänke und aufsteigendem Duft von »Wedelfisch« resultiert. Das rote Dreieck ist unser Wanderzeichen und führt uns durch den Mischwald. Nach ca. einem Kilometer biegen wir an einer Wegkreuzung nach rechts ab. Der Weg knickt kurz darauf nach links ab und tritt aus dem Wald. Entlang von Feldern erreichen wir die ersten Gebäude von Kauernhofen – der Weg ist nun geteert –, biegen nach rechts in den Ort ab und nehmen im Ort die erste Möglichkeit, um wieder nach links abzubiegen. Hier ist das rote Dreieck wieder gut markiert und führt ansteigend hinaus aus Kauernhofen.

Sagenhaftes hat zur Namensgebung des Ortes beigetragen. Ein Bauer mit dem Namen Kauer hat, so die Heldengeschichte, die Steine für das oberste Stockwerk des Eggolsheimer Kirchturms ganz alleine herbeigeschafft – beflügelt wahrscheinlich von der Aussicht auf ein Pfister Bier auf dem Schwarzen Keller.

Über die Lange Meile

Wir folgen dem Weg auf halber Höhe in einem langen Linksbogen um den Högelstein bis an den nördlichen Rand des Ortes Rettern. Gut ausgeschildert führt uns der Weg am Ortsrand entlang, bis wir einen Wanderparkplatz erreichen.

Hier biegen wir jetzt mit dem roten Querstrich in spitzem Winkel ab, besteigen die Retterner Kanzel und bleiben auf der Höhe (etwa eineinhalb Kilometer), bis von links ein Weg herankommt, mit dem wir uns nach rechts wenden. Bald treffen wir auf eine kleine Bergkapelle, dem Ziel des Kreuzweges, der von Kauernhofen hier heraufkommt.

Dies ist ein schöner Platz, um kurz zu rasten, ehe uns der rote Querstrich weiter zum Rotenberg mit seinem Sendemast führt. Wir wandern jetzt auf der so genannten Langen Meile Richtung Flugplatz Feuerstein.

Nach etwa 600 Metern unterqueren wir eine Stromleitung. Achtung: Jetzt müssen wir etwas aufpassen, um die unmarkierte und etwas unscheinbare Abzweigung nicht zu verpassen. Wenn von rechts eine Fahrspur auf unseren Weg trifft, geht nach links ein kleiner Pfad hinab in den Wald. Freundliche Wanderer markieren diese Stelle im Sommer manchmal (nicht immer!) mit Steinmännchen. Steil, aber kurz zieht sich

Das Seidla wird als halbe Maß ausgeschenkt.

dieser Pfad hinab, bis wir auf eine geschotterte Forststraße treffen, der wir nach links folgen. Direkt in der Serpentine weist uns dann ein Schild wieder auf einen engen, steilen Pfad, der uns direkt zum Schwarzen Keller zurückbringt.

Ein Idyll im Wald

Während auf vielen Kellern gerne Kastanien oder andere laubreiche Bäume gepflanzt wurden, um das Bier in den unterirdischen Stollen möglichst kühl zu halten, gibt es in Franken auch eine ganze Reihe Waldkeller, die direkt im Wald angelegt wurden.

Der Schwarze Keller ist so einer – wunderbar ruhig gelegen. Rund 300 Besucher finden Platz rund um den Ausschank direkt aus dem Felsenstollen heraus und um das vieleckige Fachwerkpavillon, in dem Brotzeiten verkauft werden, sonntags auch gebratene Makrele.

Der wunderschöne Blick ins Regnitztal trägt natürlich zu einem gemütlichen Verweilen bei. Ausgeschenkt wird dunkles Pfister, ein rundes, charakteristisches Bier, das immer gut gekühlt ist und ausgesprochen frisch schmeckt.

Allerbeste fränkische Kellerkultur!

Das Bier:

Brauerei Gasthof Pfister, Eggerbachstraße 22, Weigelshofen, 91330 Eggolsheim, Tel. 0 95 45/9 42 60, www.gasthof-pfister.de, tägl. 11.00–1.00, Mi ab 17.00, Di Ruhetag, warme Küche So, Fei 11.00–14.00 und 17.00–21.00, Mo–Sa 12.00–14.00 und 17.00–21.00. Helles Landbier, dunkles »Schwarz-Keller-Bier«, Hefeweizen.

Schwarzer Keller, Auf der Langen Meile, 91330 Weigelshofen, Tel. 0 95 45/5 04 96, Sa ab 14.00, So, Fei ab 13.00, 1. Mai und Himmelfahrt ab 11.00. Dunkles Pfister.

Reinhard Weirauch

Informationen:

Tourismuszentrale Fränkische Schweiz, Oberes Tor 1, 91320 Ebermannstadt, Tel. 0 91 94/79 77 79.

Fränkische Fliegerschule Feuerstein e.V., Flugplatz Burg Feuerstein, 91320 Ebermannstadt, Tel. 0 91 94/79 75 75, günstige Rundflüge.

Karte:

Fritsch Wanderkarte Nr. 53, Naturpark Fränkische Schweiz, Blatt Süd.

Drei Biere, drei Karpfen, drei Schnäpse: ein Berg

13

Tour: Relativ weite Wanderung mit drei Brauereikellern von der Kaiserpfalz Forchheim zum Kreuzberg.
Länge: Ca. 18 km.
Dauer: Reine Gehzeit 4–5 Std.
Höhenunterschied: Ca. 200 m.
Markierungen: Gelber Senkrechtstrich bis zur T-Kreuzung im Staatsforst, unmarkiert bis Willersdorf, gelber Senkrechtstrich bis zum Kreuzberg, gelbe Raute bis Forchheim.
Familie: Für eine Familienwanderung etwas zu weit.
Saison: Die Keller sind natürlich – obwohl es jeweils Innenräume gibt – im Sommer besonders gemütlich.
Besonderheiten: Jedes Jahr rund um den 26. Juli, dem Annatag, feiert Forchheim das Annafest. Im Kellerwald herrschen dann Hochbetrieb und beste Stimmung. Anna, die in der Bibel nicht erwähnte Großmutter von Jesus Christus, schützt übrigens neben manch anderem auch vor Kopfschmerzen.
Variante: Forchheim auslassen und vom Kreuzberg (mit dem Auto erreichbar) wie beschrieben bis zum Eichenplatz, von dort wie beschrieben über Willersdorf zurück.
Anfahrt: Am besten mit *Kfz:* Über die A73 bis Ausfahrt Forchheim/Nord, Richtung Forchheim, Adenauerallee, Burker Straße, Frankenau, Parkplätze am Ende der Straße Am Weingartsteig.

Spaziergang durch die Kaiserpfalz

Die Kaiserpfalz Forchheim ist einen Spaziergang wert. Wer also mit dem Zug am Forchheimer Bahnhof ankommt, kann den Weg bereits zu einer kleinen Besichtigung nutzen.

Rechts von dem Bahnhof weisen uns Eisenbahnstraße und Klosterstraße in den mittelalterlichen Stadtkern und die Fußgängerzone. Sehenswert sind der Paradeplatz und der Marktplatz, die vielen fränkischen Fachwerkhäuser und hinter der

Stadtpfarrkirche St. Martin das Pfalzmuseum. Es ist in einem fürstbischöflichen Schloss aus dem 14. Jahrhundert untergebracht. Hinter der Kaiserpfalz führt uns die Sattlertorstraße über den Main-Donau-Kanal und die Autobahn nach Burk. Achtung: Nach der Brücke rechts halten, dann links nur knapp 200 Meter mit der Burker Straße bis zur Abzweigung Frankenau gehen. Kurz darauf zweigt die Straße Am Weingartsteig links ab, an deren Ende wir auch die Parkmöglichkeiten finden und der Wald anfängt. Für den Autofahrer beginnt erst hier die Tour.

Wald, Wald, Wald

Der ausgedehnte Staatsforst Untere Mark umfängt uns. Wir wandern auf einer Forststraße geradewegs hinein. Kurz hinter der Frankenmarter erreichen wir den Rastplatz Sechs Eichen. Fünf Wege zweigen von hier ab, wir wählen die linke Abzweigung, die mit einem gelben Senkrechtstrich markiert ist. Weitere Abzweigungen ignorieren wir und wandern geradeaus, vorbei am Heinleinskreuz. Etwa einen Kilometer nach den Sechs Eichen stoßen wir auf eine T-Kreuzung und biegen links ab. Nun halten wir die Richtung. Schließlich weist uns an einer Kreuzung mit einem kleinen Forsthäuschen ein Schild nach rechts in Richtung Willersdorf. Der gelbe Punkt übernimmt kurz die Führung, verlässt uns aber schon bald nach links, während wir weiter geradeaus wandern.

Schließlich öffnet sich der Wald, vorbei an Pferdekoppeln und der Kellerwaldschänke kommen wir nach Willersdorf. Eine Einkehr ist sie eigentlich schon wert, wer aber die Biere auf dem Kreuzberg verkosten will, verschwendet hier mit einem aus Neuhaus/Pegnitz importierten Großbrauereibier besser nicht seine wertvollen Ressourcen.

Nun müssen wir mit Straßen vorliebnehmen. Durch Willersdorf hindurch, finden wir rechter Hand den guten Landgasthof Rittmayer. Dann geht es über die Aisch und, der Straße kurz nach rechts und sofort wieder links folgend, nach Stiebarlimbach. Ein Schild weist uns dort nach rechts zum Roppelt-Keller.

Das helle, hopfige Kellerbier der Brauerei Roppelt fand sogar schon in einem Artikel der Zeitschrift Stern Erwähnung und hat einen eigenen, organisierten Fanclub.

Zu Recht: Wem die dunklen fränkischen Biere zu malzig oder süß sind, findet hier die richtige Alternative. Und so kann es sich die Brauerei leisten, ihr Bier ausschließlich selbst auszuschenken und zu verkaufen. Der große Keller ist die letzte Rastmöglichkeit vor dem Aufstieg zum Kreuzberg.

Effiziente Bierverkostung auf und am Fuße des Kreuzberges

Links am Ausschank vorbei führen einige Treppenstufen hinab und zum Anstieg. Nur kurz, aber kräftig geht es hinan, dann erreicht man das Wallfahrtskirchlein auf dem Kreuzberg und den ersten der drei Biergärten.

Der Kreuzberg ist von Stollen schon beinahe durchlöchert. Seit dem 18. Jahrhundert lagern hier die Biere der umliegenden Brauereien, als da wären: die Brauerei Lieberth und die Brauerei Rittmayer aus Hallerndorf sowie die Brauerei Friedel aus Schnaid. Die beiden Erstgenannten haben auch noch in Hallerndorf selbst jeweils einen Dorfkeller.

Das Angebot ähnelt sich: Natürlich schafft es der Karpfen aus dem Aischgrund hier hinauf, verschiedene Braten stehen

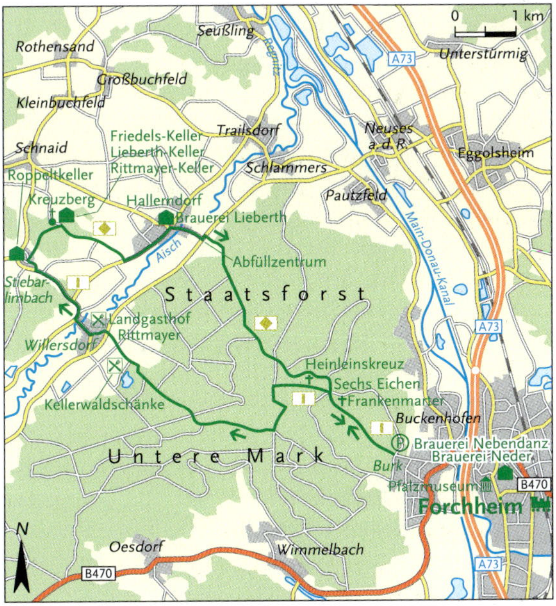

zur Auswahl, ebenso Brotzeiten und vieles mehr. Mancher behauptet, beim Rittmayer wäre das Bier am besten, beim Lieberth der Karpfen und beim Friedel der Schnaps. Letzteres liegt sicherlich daran, dass die Auswahl an Geisten und Bränden beim Friedels-Keller unerreicht ist. Rund 70 Sorten sind im Angebot, darunter so exotische wie Spargelschnaps oder Hagebuttengeist. Hier gilt: Mal etwas riskieren, die Schnäpse sind durchweg ausgezeichnet. Es ist überraschend, wie ein guter Brenner diese Aromen in Flaschen konzentriert.

Aber in geselliger Runde reden die Leute viel. Es wird einem wohl nichts übrig bleiben, als dem Rat zu folgen, die Keller von rechts nach links zu verkosten (nach dem Aufstieg ein Bier beim Rittmayer gegen den Durst, dann einen Karpfen beim Lieberth und einen Verdauungsschnaps beim Friedel). Oder man muss wiederkommen und beim nächsten Mal einen der anderen Keller wählen. Wer einmal hier war, kommt ohnehin gerne wieder.

Abschied vom Kreuzberg

Nach so viel Genuss fällt es natürlich schwer, dem Kreuzberg den Rücken zu kehren. Vorbei am Friedels-Keller senkt sich der Weg mit der gelben Raute zurück in den Aischgrund, mit seinen Zuchtteichen eine Quelle des fränkischen Lieblingsessens: dem Karpfen. An der Landstraße angekommen, weisen uns die Wanderzeichen nach links in den Ort Hallerndorf. An der Dorfstraße finden wir dann auch die Brauerei Lieberth, deren Bierspezialitäten wir auf dem Kreuzberg probiert haben. Nach der Brauerei halten wir uns rechts, überqueren die Aisch und erreichen die Bundesstraße. Wir wenden uns kurz nach links und gehen direkt hinter dem Abfüllzentrum – diesmal von der Brauerei Rittmayer – nach rechts auf den Waldrand zu. Dem Waldrand folgen wir in einer Rechtskurve und bald heißt es erneut: Wald, Wald, Wald.

Schnurgerade verläuft der Forstweg durch den artenreichen Mischwald. Die gelbe Raute führt uns sicher, das grüne Kreuz stößt nach etwa zwei Kilometern zu uns. Nach nochmals anderthalb Kilometern erreichen wir den bereits bekannten Rastplatz Sechs Eichen und gehen die letzten waldigen Kilometer geradeaus auf gleichem Weg zurück.

Im Aischgrund sind sie allgegenwärtig: Karpfenteiche.

Der »Starke Fritz« und die »Schwarze Anna«

Dass es auch in Forchheim Brauereigaststätten gibt, ist selbstverständlich. Das Annafest – ein bekanntes Volksfest im nahem Forchheimer Kellerwald – kommt schließlich nicht von ungefähr. All diese Brauereien – und das ist wiederum nicht selbstverständlich – brauen ausgezeichnetes Bier. An der Sattlertorstraße, durch die wir zurück zum Rathaus gelangen, sind mit der Brauerei Neder und der Brauerei Hebendanz gleich zwei nebeneinander angesiedelt. Und beide haben Bierspezialitäten, die schon vom Namen her ungewöhnlich wirken und eine Bierromanze assoziieren: Der »Starke Fritz« der Brauerei Hebendanz ist ein dunkles Festbier mit 5,3 % Alkoholgehalt. Seine Nachbarin ist die »Schwarze Anna« aus dem Hause Neder, ein besonders leckeres Schwarzbier. Außer den werbewirksamen Namen machen beide Gasthöfe keine weiteren Zugeständnisse an die modernen Zeiten und sind wohl auch deshalb bei den Einheimischen so beliebt.

Forchheim und Umgebung sind so für Bierliebhaber nicht nur zum Annafest ein absolutes Muss.

Das Bier:

Friedels-Keller, Kreuzberg bei Hallerndorf, Tel. 0 95 45/47 36, www.friedels-keller.de, Apr–Okt tägl. ab 11.00, Nov–März Fr, Sa, So ab 11.00, durchgehend warme Küche. Bei schlechtem Wetter und im Winter ist das Kellerhaus geöffnet. Typisch malziges Kellerbier im Maßkrug (auch als Schnitt).

Lieberth-Keller, Kreuzberg bei Hallerndorf, Tel. 0 95 45/7 07 46, Mai–Sep tägl. ab 11.00, Okt–Apr Fr ab 18.00, Sa ab 16.00, So ab 11.00, durchgehend warme Küche. Bei schlechtem Wetter und im Winter ist das Fachwerk-Kellerhaus geöffnet. Hopfiges, »unfränkisch« kohlensäurereiches und deshalb erfrischendes Vollbier.

Rittmayer-Keller, Kreuzberg bei Hallerndorf, Tel. 0 95 45/45 54, Apr–Okt tägl. ab 11.00, Nov–März Fr, Sa ab 13.00, So ab 11.00, durchgehend warme Küche. Bei schlechtem Wetter und im Winter ist das Alte Kellerhaus geöffnet. Dunkles, typisch fränkisches Kellerbier, Weizenbier vom Fass.

Roppelt-Keller, Stiebarlimbach 9, 91352 Hallerndorf, Tel. 0 91 95/72 63, Mai–Sep Mo–Fr ab 16.00, Sa ab 15.00, So ab 14.00, Brotzeiten und warme Speisen. Helles, hopfiges Kellerbier.

Brauerei Lieberth, Forchheimer Straße 2, 91352 Hallerndorf, Tel. 0 95 45/85 58, tägl. 9.00–24.00, Mo Ruhetag, fränkische Spezialitäten: u. a. Karpfen, Wild.

Landgasthof Rittmayer, Willersdorf 108, 91352 Hallerndorf, Tel. 0 91 95/9 47 30, Di 17.00–21.00, Mi–So 11.30–14.00 und 17.00–21.00, Mo Ruhetag, gehobene fränkische Küche, saisonal Karpfen und Spargel.

Brauereigaststätte Hebendanz, Sattlertorstraße 14, 91301 Forchheim, Tel. 0 91 91/6 07 47, Mo–Sa 8.30–20.00, So ab 11.00, Do Ruhetag, ab 11.00 durchgehend warmes Essen. Dunkles Festbier (»Starker Fritz«).

Brauerei Neder, Sattlertorstraße 10, 91301 Forchheim, Tel. 0 91 91/24 00, tägl. 9.00–21.00, Sa 9.00–20.00, So 9.00–12.00, Di Ruhetag, kleine Speisen warm und kalt. Schwarzbier (»Schwarze Anna«).

Reinhard Weirauch

Informationen:

Touristinformation, Im Rathaus, 91301 Forchheim, Tel. 0 91 91/71 43 38.

Pfalzmuseum, Kapellenstraße 16, 91301 Forchheim, Tel. 0 91 91/71 43 27, Mai–Okt Di–So 10.00–17.00, Nov–Apr Mi–Do 10.00–13.00, So 13.00–17.00.

Karte:

Fritsch Wanderkarte Nr. 66, Bamberg/Forchheim.

14 Aufs Walberla, übers Walberla und drum herum

Tour: Frühgeschichtlich interessante Tour auf und um das Walberla, den Lieblingsberg der Franken, mit mehreren regionaltypischen Einkehrmöglichkeiten.
Länge: Ca. 9 km.
Dauer: Reine Gehzeit 2 1/2 Std.
Höhenunterschied: Ca. 450 m.
Markierungen: Roter Querstrich von Rodenstein bis Schlaifhausen, gelbes Kreuz bis Leutenbach, Walberla-Rundweg bis Schranke.
Familie: Je nach Jahreszeit sehr geeignet für den Familienausflug: Schlittenfahren, Drachensteigen auf dem windreichen Gipfel, der Naturlehrpfad oder die Kirchweih im Mai mit Buden und Fahrgeschäften sind besonders für Kinder ein großer Spaß.
Saison: Ohne Einschränkung ganzjährig reizvoll.
Besonderheiten: Mäßige, aber regelmäßige An- und Abstiege.
Variante: Ab Wanderparkplatz Schlaifhausen mit rotem Querstrich nach Dietzhof und dem Brauereigasthof Alt und von dort weiter nach Leutenbach.
Anfahrt: *Kfz:* Mit dem Auto über die A73 Ausfahrt Forchheim Süd, die B470 bis Abzweigung Kirchehrenbach (nach rechts), im Ort rechts der Kirche bergan bis zum Wanderparkplatz. *ÖPNV:* Ab Forchheim die R22 Forchheim–Kirchehrenbach, Bus Linie 221.

Das Walberla

Zu allen Jahreszeiten ist das Walberla eines der beliebtesten Ausflugsziele der Fränkischen Schweiz. Ob im Frühjahr zur Obstbaumblüte und zum Walberlafest am ersten Sonntag im Mai, zum Picknick bei strahlendem Sonnenschein und wunderbaren Aussichten im Hochsommer, zum Drachensteigen im Herbst oder zu rasanten Schlittenfahrten im Winter, das Walberla ist jederzeit gut von Ausflüglern frequentiert. Das heißt aber nicht, dass sein Charme dahin wäre. Wie glücklicherweise beinahe überall in der Fränkischen Schweiz findet sich auch hier keine typische Touristik-Infrastruktur, sondern schlicht Natur pur, seit 1987 auch als Naturschutzgebiet mit seltenen Pflanzen und Tieren ausgewiesen.

Geografisch korrekt heißt der Lieblingsberg der Franken ja eigentlich Ehrenbürg, bestehend aus den Zwillingsgipfeln Walberla und Rodenstein. Walberla aber kommt dem maulfaulen Franken schlicht leichter über die Lippen, und unter diesem Namen wurden also beide Gipfel und das Hochplateau bekannt.

Hinauf und hinüber

Die Straße, die uns in Kirchehrenbach zum Wanderparkplatz führte, wird nach wenigen Metern zum asphaltierten Wanderweg. Ihm folgen wir leicht ansteigend und nehmen nach etwa 250 Metern den zweiten abzweigenden, unmarkierten Weg nach links, steil hinauf durch Streuobstwiesen. Bald schon werden über uns ein Kreuz und eindrucksvolle Felsformationen sichtbar, die uns zeigen, warum das Walberla auch für Kletterer ein beliebtes Ziel ist. Wir steigen an und treffen wieder auf einen geteerten Weg. Wir wenden uns nach links und

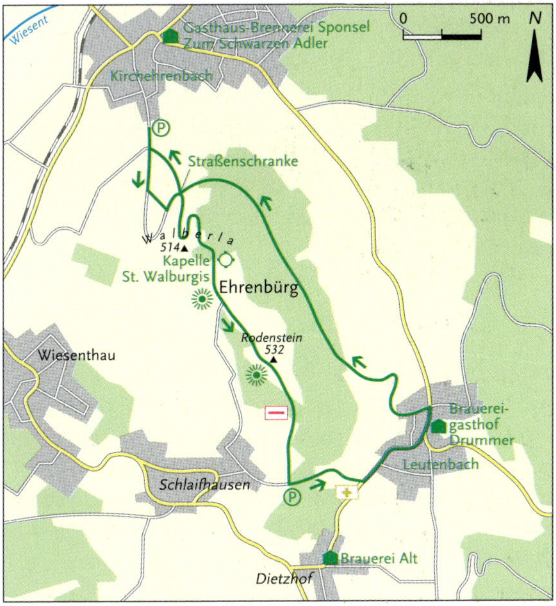

nach 50 Metern in einer Serpentine wieder nach rechts hinauf, vorbei an einer Straßenschranke. Der Anstieg in Serpentinen führt uns dann zu dem Kreuz, das wir anfangs schon über uns sahen. Hier lädt eine Bank zur kurzen Rast und zu einem Blick über das Wiesenttal. Nach einem weiteren kurzen Anstieg führt der Weg hinein in ein Wäldchen und zum Schlussanstieg, an dessen Ende wir den Gipfel des Walberlas erreichen.

Kelten, Hexen, Heilige

Wir betreten den Gipfel direkt an der Walburgiskapelle, dem Ziel zahlreicher Wallfahrten. Die heilige Walburga war Äbtissin des Klosters Heidenheim und gilt als die Beschützerin vor Hexen. Von ihr leitet sich die Walpurgisnacht ab, die in der Nacht vor ihrer Heiligsprechung am 1. Mai stattfindet. Angeblich versammeln sich die Hexen in dieser Nacht auf dem »Blocksberg« (eigentlich der Brocken im Harz), aber auch an anderen erhöhten Orten. Die Hochfläche des Walberlas scheint für Landemanöver mit dem Besen jedenfalls bestens geeignet.

Schon vor 2 500 Jahren war das Walberla von keltischen Bauern besiedelt. Um die stadtähnliche Siedlung bildete ein bis zu zweieinhalb Meter hoher und 15 Meter breiter Ringwall mit den natürlichen Felsklippen eine Befestigung (siehe Tour 1 Staffelberg) und wurde bis zur römischen Kaiserzeit genutzt. Hier befand sich der wirtschaftliche und politische Knotenpunkt der Region. 1360 wurde die Walburgiskapelle erstmals schriftlich erwähnt. Weibliche Heilige sind interessanterweise häufig dort Patroninnen, wo Kirchen an prähistorischen Stätten errichtet wurden.

Das Walberlafest als Jahrfeier des Walpurgis-Patroziniums war Dult und Wallfahrt in einem. Seit 1911 findet das Walberlafest an diesem geschichtsträchtigen und sagenumwobenen Ort alljährlich am ersten Wochenende im Mai statt.

1962 wurden leider die wertvollen Statuen der Heiligen Walburga sowie der Brüder Willibald und Wunibald geraubt. Ein Blick in die Kapelle lohnt dennoch.

Die Ausblicke vom Walberla hinab sind rund um das Hochplateau spektakulär. Wir halten uns am rechten Rand und wandern am Ende des Gipfels auf einem schmalen Fußweg hinab in die Senke zwischen Ehrenbürg und Rodenstein. Das Gip-

Rötlich wie Herbstlaub: fränkisches Bier vom Drummer

felkreuz ist sichtbar. Rechter Hand entlang eines botanischen Lehrpfades führt der Weg auf die höchste Erhebung des Walberlas, den Rodenstein. Wieder bieten sich wunderbare Aussichten.

Hinab und herum

Dem Lehrpfad folgen wir auch beim Abstieg, der uns schließlich vorbei an einem wasserwirtschaftlichen Gebäude zu einem Wanderparkplatz am Fuße des Walberlas führt. Links sehen wir einen alten Bierkeller, in dem früher Bierfässer kühlgehalten wurden.

Hier zweigt unser Weg in spitzem Winkel nach links ab. Mit Gelbkreuz wandern wir Richtung Leutenbach durch den Wald. Der Weg gabelt sich, wenn wir nach einer Weile aus dem Wald treten. Wir halten uns rechts an einem Heckenrain entlang. Schon bald sehen wir den Kirchturm von Leutenbach linker Hand liegen. Über eine Streuobstwiese erreichen wir den Ortsrand von Leutenbach, halten uns links und wandern in den Ortskern. Nochmals links Richtung Kirchehrenbach sehen wir dann bereits die Schilder der Gasthöfe, darunter der in der Region bekannte und beliebte Brauereigasthof Drummer.

Nach der empfohlenen Einkehr folgen wir weiter der Dorfstraße, bis die Ehrenbürgstraße nach links abzweigt. Auf Asphalt geht es aus Leutenbach hinaus. Nach einer S-Kurve teilt sich der Weg, wir halten uns links und steigen an. Die Markierung des Walberla-Rundweges zeigt uns unseren Weg. Die stilisierte Silhouette der beiden Walberla-Gipfel (schwarz auf weiß) erinnert an eine Krone. Nach oben abzweigende Wege ignorieren wir und halten uns auf halber Höhe des Walberlas. Der enge Pfad schlängelt sich durch den Wald und erreicht schließlich die Schranke, an der man beim Aufstieg hinaufging. Wir wenden uns nach rechts hinab und erreichen bald den Fuß des Berges und den Wanderparkplatz Kirchehrenbach.

Das Bier

Zur Einkehr während der Wanderung empfohlen ist der Brauereigasthof Drummer mit einem ausgezeichneten, typisch fränkischen, dunklen Landbier – natürlich aus eigener Brauerei. Süffig und geschmackvoll macht es den Aufbruch schwer. Sonntagmittag bietet der Brauereigasthof eine Reihe fränkischer Spezialitäten, empfehlenswert sind die gefüllte Ente und während der Saison natürlich die Karpfen und Forellen.

Wählt man den etwas längeren Weg über Dietzhof, lädt die Brauerei Alt zum Verweilen ein. In Familienbesitz seit 1851, gibt es auch hier vornehmlich sonntags warme Küche. Das Bier ist etwas heller und hopfiger. Als Spezialität wird zur Saison Gansbraten angeboten.

In Kirchehrenbach gab es einst drei Brauereien, leider hat keine einzige bis heute überlebt. Dafür hat sich Gasthaus & Brennerei Sponsel Zum Schwarzen Adler zu Recht einen guten Namen gemacht und ist auch für die Stooderer (Städter) aus dem Großraum Nürnberg ein beliebtes Ziel.

Wer die Wanderung in einer schönen alten Gaststube beim Schäufele ausklingen lassen und darüber hinaus ein vielfältiges Angebot an fränkischen Bieren haben möchte, der ist hier richtig. Gute, behutsam modernisierte fränkische Küche, eine angemessene Weinkarte und verschiedene, ausgewählte Landbiere, darunter auch ein vorzügliches Rauchbier, runden das Bild engagierter Wirtsleute ab. Nicht zu vergessen das imposante Angebot an selbstgebrannten Schnäpsen, die die Verdauung eines Schäufeles deutlich erleichtern. Allerdings schwankt die Qualität bisweilen etwas, am (zu) frühen Abend gibt es in Ausnahmefällen auch die aufgewärmten Klöße vom Mittag.

Das Bier:

Brauereigasthof Drummer, Dorfstraße 10, 91359 Leutenbach, Tel. 0 91 99/4 03, Biergarten im Innenhof, Di–So 11.00–23.00, Mo Ruhetag, 11.30–13.30 Mittagstisch, 16.00–21.00 warme Küche, während der Saison Karpfen (!), unter der Woche Brotzeit (Zwetschgenbammes), So Braten. Dunkles, typisch fränkisches Vollbier.

Brauereigasthof Alt, Dietzhof 8, 91359 Leutenbach, Tel. 0 91 99/2 67, Sonnenterrasse, Di–Fr 17.00–23.00, Sa 16.00–23.00, So 11.30–23.30, Mo Ruhetag, Mi, Fr–So warme Küche, Schäufele, Kalbshaxe, Braten, zur Saison auch Spargel (bitte mit Voranmeldung). Helles, hopfiges Vollbier.

Gasthaus & Brennerei Sponsel Zum Schwarzen Adler, Hauptstraße 45, 91356 Kirchehrenbach, Tel. 0 91 91/9 44 48, www.gasthaus-sponsel.de, Bierkeller zwischen Kirchehrenbach und Wiesenttal am Fuße des Walberlas, Mo–Fr 16.00–ca. 23.30, Sa, So 12.00–ca. 23.30, Di Ruhetag, durchgehend warme Küche. Verschiedene, ausgewählte Landbiere.

Reinhard Weirauch

Informationen:

Tourismuszentrale Fränkische Schweiz, Oberes Tor 1, 91320 Ebermannstadt, Tel. 0 91 94/79 77 79.

Karte:

Fritsch Wanderkarte Nr. 53, Naturpark Fränkische Schweiz, Blatt Süd.

15 Zwei Kultbiere

Tour: Von Unterzaunsbach nach Hetzelsdorf. Über Hundshaupten zurück nach Unterzaunsbach.
Länge: Ca. 9 km.
Dauer: Reine Gehzeit ohne Wildpark ca. 3 Std.
Höhenunterschied: Ca. 130 m.
Markierungen: Blauer Ring nach Hetzelsdorf, rote Raute, rotes Andreaskreuz und grüner Querstrich nach Hundshaupten, grüner Punkt zurück nach Unterzaunsbach.
Familie: Wegen der Kürze auch mit Kindern machbar, dann bietet sich ein Abstecher in den Wildtierpark Hundshaupten an.
Saison: Ganzjährig reizvoll, aufgrund der Obstbaumblüte im Frühjahr besonders schön.
Anfahrt: Am besten mit *Kfz*: Über A73 Ausfahrt Forchheim Süd, dann die Staatsstraße über Pretzfeld ins Truppachtal.

Erst der Anstieg

Ausgangspunkt ist der Parkplatz neben dem Brauereigasthof Meister in Unterzaunsbach. Wir folgen der Markierung blauer Ring in Richtung Hetzelsdorf, verlassen den Ort in nordwestlicher Richtung und beginnen auf einem Feldweg den Anstieg. Der Weg führt durch einen Mischwald in etwa einer Dreiviertelstunde nach Hetzelsdorf. Hier finden wir die erste prominente Adresse fränkischer Braukunst vor: den Gasthof der Brauerei Penning-Zeißler (bekannt als Hetzelsdorfer). Die Gaststätte liegt gegenüber der neugotischen Kirche. Das Gotteshaus wurde beim Bau 1901 übrigens überdimensioniert und drohte Ende der 70er Jahre einzustürzen. Dies konnte nur durch das aufwendige Setzen von 38 schweren Zugankern verhindert werden. Die schwierige Frage, ob es jetzt schon Zeit für eine Pause ist, kann nur vor Ort und subjektiv entschieden werden. Das bernsteinfarbene Landbier ist mittlerweile weit über Hetzelsdorf hinaus bekannt, sehr geschätzt werden auch die Schnitzel. Im Sommer kann man schön im Freien unter Kastanien sitzen.

Durch die Obstwiesen

In Hetzelsdorf gehen wir zunächst der Markierung rote Raute in Richtung Leutenbach nach. Der Weg führt leicht bergauf durch Wiesen mit vereinzelten Obstbäumen. Nach ca. 800 Metern kreuzt er die Markierungen rotes Andreaskreuz und gelber Punkt. (Vorsicht: Die Markierungen sind nur durch einen Schulterblick zu erkennen.) Wir wenden uns links in Richtung Kasberg und Haidhof. Nach einem kurzen Waldstück erreichen wir ein Wegdreieck, ab hier gehen wir der Markierung grüner Querstrich nach. Es geht etwa zwei Kilometer durch Obstwiesen bis Hundshaupten. Hier besteht Gelegenheit zum Besuch des Wildtierparks Hundshaupten (der Beschilderung folgen), wo einheimische Wildtiere wie Füchse, Gamswild, Rotwild und Waschbären bewundert und gegebenenfalls auch gestreichelt und gefüttert werden können. Auch »exotische« Nutztiere wie das Coburger Fuchsschaf oder das Albrecht-Dürer-Schwein gehören zur Belegschaft. Für einen Besuch muss mindestens eine Stunde zusätzlich gerechnet werden.

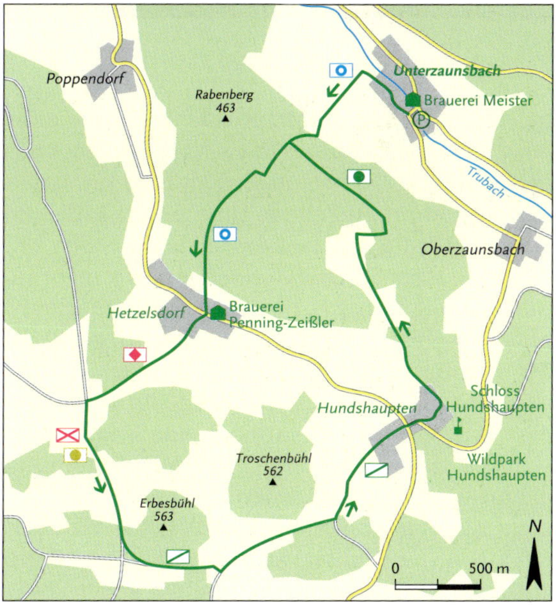

Die Brücke über der Trubach ist Anfang und Ende der Tour.

Zurück zum Meister

In Hundshaupten folgen wir dem Fußweg zum Schloss. Das 1369 erstmals erwähnte Renaissance-Schloss liegt am Ende einer Sackgasse. Es befand sich ab 1661 für 330 Jahre im Besitz der Freiherren von Pölnitz. 1991 ging es in den Besitz des Landkreises Forchheim über, der schließlich den Museumsbetrieb einstellte. Das Schloss konnte seitdem nicht mehr besichtigt werden. Seit 2005 ist es wieder im Pölnitz'schen Familienbesitz und wird für Konzertveranstaltungen genutzt. Das Angebot des Kuratoriums Schloß Hundshaupten e.V. reicht von Operettenmelodien über Klezmer bis hin zu Klavierabenden. Auf dem Weg zum Schloss zweigt eine Straße nach links ab (beschildert mit »Kleinbrennerei« und »Kunstausstellung«), kurz darauf beginnt die Markierung roter Punkt, die aber für uns nicht relevant ist. Bei einer Bank gabelt sich der Weg, wir halten uns rechts und bleiben nun auf diesem Weg, bis halb links ein größeres Waldstück beginnt. Wir gehen etwa einen Kilometer rechts am Waldrand entlang, bis wir auf einen Weg mit der Markierung grüner Punkt treffen. Jetzt links bergab und kurz darauf wieder links auf eine Forststraße. Nach ca. 500 Metern kreuzt die Markierung blauer Kreis, wir gehen rechts und kommen auf demselben Weg, mit dem die Tour begann, wieder zurück nach Unterzaunsbach.

Hier im Brauereigasthof Meister wartet das mittlerweile – zu Recht – sehr populäre Fassbier auf durstige Kehlen, es gibt nur eine Sorte dunkles Vollbier, was auch vollkommen ausreicht. Für den Magen seien die Forellen und Karpfen (nur in Monaten mit R veRsteht sich) empfohlen. Danach darf's vielleicht auch noch ein Hochprozentiger aus der eigenen Brennerei sein. Neben der halbwegs authentischen Gaststube verfügt der Betrieb auch über günstige Fremdenzimmer.

Das Bier:

Brauereigasthof Meister, Unterzaunsbach 8, 91326 Pretzfeld, Tel. 0 91 94/91 26, tägl. 9.00–23.00, Di (Jan–März auch Do) Ruhetag, warme Küche 11.30–14.30 und 17.00–20.30. Dunkles Vollbier.

Brauereigasthof Penning-Zeißler, Hetzelsdorf 9, 91326 Pretzfeld, Tel. 0 91 94/2 52, Mo, Di Ruhetag, Mi–Fr ab 17.00, Sa, So 9.00–22.00. Bernsteinfarbenes Landbier.

Veit Bronnenmeyer

Informationen:

Markt Pretzfeld, Trattstraße 1, 91362 Pretzfeld, Tel. 0 91 94/7 34 70, www.pretzfeld.de

Kuratorium Schloß Hundshaupten e. V., Hornschuchallee 20, 91301 Forchheim, Tel. 0 91 91/70 81 20, www.schloss.hundshaupten.de

Extras:

Wildpark Hundshaupten, Zaunsbacher Straße 62, 91346 Egloffstein, Tel. 0 91 97/2 41, Apr–Okt tägl. 9.00–18.00, Nov–März Sa, So, Fei 9.00–17.00.

Karte:

Fritsch Wanderkarte Nr. 53, Naturpark Fränkische Schweiz, Blatt Süd.

16 Beste Medizin: Hofmannstropfen und frische Luft

Tour: Rundwanderweg von Egloffstein, über Hohenschwärz und Thuisbrunn.

Länge: Ca. 11 km.

Dauer: Reine Gehzeit ca. 2 1/2 Std.

Höhenunterschied: Mäßige Steigungen, die Höhenunterschiede sind nicht erheblich.

Markierungen: Blaues Kreuz bis Hohenschwärz, Frankenweg bis Thuisbrunn.

Familie: Für etwas größere Kinder gut geeignet.

Saison: Durch die Obstbaumblüte ist die Gegend besonders im Frühjahr ein lohnendes Ziel.

Besonderheiten: Die Wanderung durch das Todtsfeldtal ist besonders romantisch und bietet gute Einkehrmöglichkeiten.

Variante: Ab Thuisbrunn mit blauem Punkt nach Egloffstein und auf dem Weg hinab den Ort besichtigen.

Anfahrt: Am besten mit *Kfz*: Von Süden über die B 2 über Gräfenberg, von Norden über die B 470 über Pretzfeld.

Hinein ins Todtsfeldtal

Am südlichen Ortsende von Egloffstein finden sich beiderseits der Trubach große Wanderparkplätze. Vom näher am Ort liegenden Parkplatz nehmen viele Wanderungen ihren Ausgang. Wir wählen das blaue Kreuz, das uns bachaufwärts führt. Bald erreichen wir eine Weggabelung, halten uns links und folgen einem kleinen, gut ausgeschilderten, romantischen Pfad. Der Pfad überquert nach einer Weile den Bach, wir halten uns rechts und folgen weiter dem blauen Kreuz hinein in das Todtsfeldtal. Achtung: Nach etwa 200 Metern biegen wir mit dem blauen Kreuz in spitzem Winkel nach links ab, andere Wanderwege führen weiter geradeaus, wir aber werden den Rest des Todtsfeldtales auf dem Rückweg genießen.

Zunächst steigt der romantische Waldpfad leicht an und zieht sich hinein in einen engen Taleinschnitt. Etwa 20 Minuten steigen wir so gemütlich an, ehe wir auf der Höhe aus dem Wald treten. Wir erreichen eine gepflasterte Forststraße, gehen wenige Meter nach rechts und biegen sogleich wieder auf ebenso gepflastertem Weg nach links ab. Weiterhin begleitet uns das blaue Kreuz über freies Feld.

Weiße Pracht

Das Trubachtal und die Umgebung sind bekannt für den Obstanbau und die Qualität der Früchte. Aufgrund des milden Klimas wurde schon im 17. Jahrhundert Obst angebaut und die Früchte wurden zu Obstbränden veredelt. Die Gegend zählt zu den größten Anbaugebieten von Süßkirschen in Süddeutschland. Im Juli feiert man hier fünf Tage lang eines der romantischsten Sommerfeste der Fränkischen Schweiz. In den schattigen Sandsteinkellern oberhalb von Pretzfeld gibt es dann natürlich Bier, Brotzeiten und Kirschen in allen Varianten, wie zum Beispiel eine Radlermaß mit einem Schuss Kirschlikör. Unbedingt probieren! Der verwunschene Kellerwald bildet eine beinahe märchenhafte Szenerie.

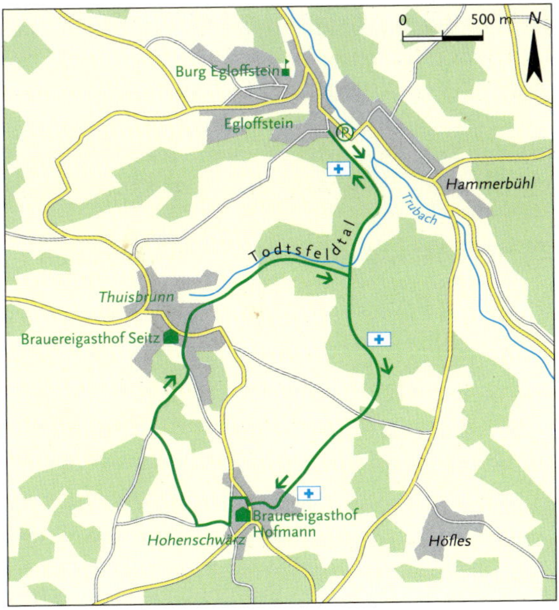

Durch Obstgärten hindurch erreichen wir den Ort Hohenschwärz. Nach rechts der Ortsstraße folgend, finden wir nach wenigen Schritten links den Brauereigasthof Hofmann.

Ein Landbierpionier in der Metropolregion

Inzwischen sind die Landbiere aus der Fränkischen Schweiz in der Gastronomie des Städtedreiecks Nürnberg/Fürth/Erlangen nicht mehr wegzudenken. Dieser Trend aber ist noch relativ neu, und die Zeiten, in denen einige wenige Kleinbrauereien in der Stadt als Geheimtipp gehandelt und privat »importiert« wurden, liegen noch nicht lange zurück.

Eines der ersten Biere, die auch in den Städten bekannter wurden, sind die »Hofmannstropfen«. Ausschlaggebend hierfür – von der Qualität des Bieres abgesehen – ist die bequeme Wanderdistanz von Hohenschwärz nach Gräfenberg, das wiederum mit der Gräfenbergbahn – einer noch immer betriebenen eingleisigen Nebenstrecke – von Nürnberg aus bequem und promillesicher erreicht werden kann. Entsprechend viele Ausflügler kamen seit jeher zum Brauereigasthof Hofmann, um die »Hofmannstropfen« zu verkosten, und trugen den Ruf eines dunklen, süffigen und malzigen Bieres bis in die Städte hinein. Die »Hofmannstropfen« sind so zu einer Art Pionierbier avanciert, das zur heutigen Popularität der fränkischen Landbiere entscheidend beigetragen hat.

Leider sind Brauerei, Gasthof und Biergarten aus architektonischer Sicht keine wahren Schmuckstücke, an der Attraktivität von Bier und Speisekarte ändert dies indes nichts.

Zwischenstopp in Thuisbrunn empfohlen

Direkt am Biergarten geht der Weg weiter, an der T-Kreuzung übernimmt die gelbe Diagonale. Wir wenden uns nach links, nach etwa 300 Metern nach rechts und gehen auf gepflastertem Forstweg aus Hohenschwärz hinaus Richtung Thuisbrunn – natürlich wieder entlang eines Kirschgartens.

Gut ausgeschildert führt der Weg an der nächsten Gabelung nach rechts hinab ins Tal. An einem Rastplatz zweigen wir nochmals nach rechts ab und sehen schon bald die ersten Häuser von Thuisbrunn. Wir erreichen den Brauereigasthof Seitz, auch er ist ein beliebtes Ausflugsziel der Städter

Weiße Pracht im Trubachtal

mit einer wirklich empfehlenswerten Küche. Neben Braten und Brotzeit serviert der »Seitz« auch je nach Saison Wild und Fischgerichte und – selbstverständlich in dieser Gegend – selbstgebrannte Obstschnäpse. Seit Juli 2007 schenkt der Gasthof auch das selbstgebraute Elch-Bräu aus, dass als naturtrübes, süffiges dunkles Vollbier und als Pils angeboten wird.

An der Ortsstraße halten wir uns rechts, der Frankenweg führt uns nach wenigen Metern nach links hinauf zur Kirche. Von hier kann man einen kleinen Umweg gehen, der ausgeschilderte Burgenweg von Thuisbrunn führt um die Thuisbrunner Burg herum und damit auch um eine 1000-jährige Ortsgeschichte. Bergfried (Hauptturm) und Palas (Hauptgebäude) sind trotz wechselhafter Geschichte erhalten.

Wir halten uns rechts, der Weg führt zurück durch das Todtsfeldtal nach Egloffstein. Der Frankenweg begleitet uns hinein in das sich verengende Tal. Wir erreichen den Wald und halten uns an einer Gabelung rechts auf halber Höhe des Tales.

Schließlich erreichen wir die Kreuzung, an der wir auf dem Hinweg mit dem blauen Kreuz das Todtsfeldtal verlassen haben, und gehen den letzten Kilometer auf gleichem Weg zurück nach Egloffstein.

Das pittoreske Egloffstein ist auf jeden Fall einen abschließenden Spaziergang wert – man kann den Burgberg hinauf, vorbei an fränkischem Fachwerk und der liebenswerten Burgkirche St. Bartholomäus zur Egloffsteiner Burg laufen, die im Sommer auch besichtigt werden kann.

Das Bier:

Brauerei Hofmann, Hohenschwärz 16, 91322 Gräfenberg, Tel. 0 91 97/2 51, Mo 15.00–22.00, Mi–So 9.30–22.30, Di Ruhetag. Dunkles Landbier, Hefeweizen.

Gasthof Seitz, Thuisbrunn 11, 91322 Gräfenberg, Tel. 0 91 97/2 21, www.gasthof-seitz.de, Di, Fr–So 9.00–23.00, Mo 9.00–14.00, Mi, Do Ruhetag.

Reinhard Weirauch

Informationen:

Fremdenverkehrsverein Egloffstein, Felsenkellerstraße 20, 91349 Egloffstein, Tel. 0 91 97/2 02.

Burg Egloffstein, www.burg-egloffstein.de, Führungen Apr–Okt gemäß Aushang, ab 10 Personen auf Anfrage unter Tel. 0 91 97/2 02 oder Tel. 0 91 97/87 80.

Karte:

Fritsch Wanderkarte Nr. 53, Naturpark Fränkische Schweiz, Blatt Süd.

Im Garten des Fürstbischofs

17

Tour: Entspannter Spaziergang durch den englischen Garten des Barockschlosses Weißenstein und kurz nach Sambach.
Länge: Ca. 5 km.
Dauer: Reine Gehzeit ca. 3 Std.
Familie: Sehr gemütliche Tour, die Damhirsche im Park sind auch für Kinder ein Anziehungspunkt.
Saison: Der Garten ist ganzjährig geöffnet, das Schloss kann von Apr–Okt besichtigt werden.
Anfahrt: Am besten mit *Kfz*: Über die A73 und die A3 Richtung Würzburg, Ausfahrt Pommersfelden.

Der Erzkanzler mit dem Bauwurm

Lothar Franz von Schönborn – 1655 als Sohn eines hohen Kurmainzer Beamten geboren – wurde 1693 Fürstbischof von Bamberg und 1694 auch noch Erzbischof und Kurfürst von Mainz. Das bedeutete im Heiligen Römischen Reich Deutscher Nation gleichfalls den Titel des Reichserzkanzlers, er war damit gewissermaßen der zweite Mann im Staat. Schönborn verfügte nicht nur über einen ausgeprägten Machtinstinkt, er war zudem – laut eigenem Bekunden – vom »Bauwurm« befallen. So war er hauptsächlich verantwortlich für die barocke Umgestaltung der Domstadt Bamberg (siehe Tour 4). Aber auch in den dazugehörigen Landstrichen hinterließ der »Bauwurm« Spuren.

Lothar Franz von Schönborn erbte vom letzten Truchsess von Pommersfelden ein altes Wasserschloss. Er ließ das Gemäuer abreißen und von seinem Hausarchitekten Dientzenhofer das repräsentative Schloss Weißenstein planen, das heute als eines der Hauptwerke des deutschen Barock gilt. 1711 wurde mit dem Bau begonnen, bereits 1718 wurde er fertiggestellt. Die Stuckgestaltung der Innenräume dauerte jedoch noch weitere zehn Jahre. Neben Dientzenhofer war noch Johann Lukas von Hildebrandt an der Gestaltung des Treppenhauses beteiligt, und der Mainzer Hofarchitekt Maximilian von Welsch trug die Entwürfe für den halbrunden Marstallbau bei. Der Fürstbischof galt als liebenswürdig und leutselig und verfügte über ausreichend Temperament und Humor. Seine Liebe galt neben der Architektur auch der Malerei. Er ließ schon 1715 seine Gemäldesammlung nach Pommersfelden bringen und ergänzte sie mit Hilfe eines Kreises von Künstlern, die er um sich scharte. Die Galerie erlitt im Laufe der Jahrhunderte einige Verluste, ist aber heute noch die größte private Barockgalerie.

Das Treppenhaus ist mit über 8000 Kubikmetern Rauminhalt der eigentliche Hauptraum des Schlosses mit einem großem Deckenfresko von Rudolf Byss, auf dem Apoll als Sonnengott den vier Erdteilen das Licht spendet, so wie die Tugend den Menschen erhellt. Der Marmorsaal als großer Festsaal bildete mit seiner monumentalen Säulenarchitektur den angemessenen Rahmen für Staatsakte, Feste und Musik. Das Deckenfresko stellt die Aurora dar, die die Mächte der Finsternis vertreibt. Unter dem Marmorsaal liegt ein als Grotte dekorierter Gartensaal, der im Sommer dem erhitzten Leib des Fürstbischofs ausreichend Kühle verschaffte.

Dies wird so ausführlich beschrieben, weil das Innere von Schloss Weißenstein nicht zu dieser Tour gehört. Das Schloss befand sich bis 1996 im Besitz der Familie von Schönborn,

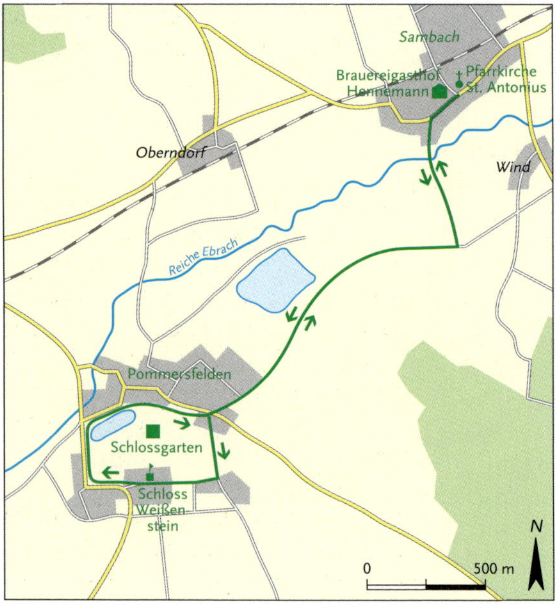

Ehemals Barock, heute ein englischer Garten: der Schlosspark in Pommersfelden

danach wurde es in eine gemeinnützige Stiftung eingebracht und kann bei Interesse natürlich besichtigt werden (Details siehe S. 111). Wir halten uns zwischen dem ersten und dem zweiten Tor des Schlosses (links liegt der Schlossgasthof, rechts das Schlosshotel) links. Ein Drehkreuz erlaubt gegen ein geringes Entgelt den Zugang zum Schlossgarten.

Der englische Garten

Natürlich gehörte zur Schlossarchitektur auch die Anlage eines entsprechenden Gartens. Dieser wurde ebenfalls von Maximilian von Welsch entworfen und war ein prächtiger, französischer Barockgarten mit Arkaden, Rotunden, Wasserspielen und allem, was dazu gehört. Doch schon während des 18. Jahrhunderts entwickelte sich der englische Landschaftspark als bewusster Kontrast zum französischen Barock. Letzterer zwang die Natur in geometrische Formen und mathematische Strenge, die nun als aufgesetzt und verspielt empfunden wurden. Diesem modernen Trend folgend wurde der Barockgarten des Schlosses Weißenstein während des 19. Jahrhunderts zu einem englischen Landschaftsgarten umgestaltet. Dementsprechend finden sich heute keine Rabatten mit blühenden

Pflanzen mehr im Schlosspark. Es herrscht das Prinzip einer natürlichen Landschaft, die den Eindruck eines begehbaren Landschaftsgemäldes vermitteln soll. Vorherrschend sind daher verschiedene Arten von Laubbäumen und große Wiesenflächen. In der nordwestlichen Ecke finden wir einen Weiher, an dessen Ufern sich häufig Wildgänse aufhalten. Folgt man dem Weg im Uhrzeigersinn an der Gartenmauer entlang, stößt man später auch noch auf eine nahezu verfallene Scheune, die als Unterstand und Futterplatz für das Damwild dient. Dem Ideal des begehbaren Gemäldes folgend befindet sich auch ein kleines Rudel von Damhirschen im Park, das man bei kompletter Durchquerung der Anlage auf jeden Fall zu Gesicht bekommt.

Es bleibt natürlich jedem selbst überlassen, wie er den Garten nutzen möchte. Man kann nur kurz hindurchspazieren oder das Landschaftsgemälde durch eine Picknickgruppe ergänzen. Künstlerisch Ambitionierte können auch die Szenerie selbst auf Leinwand bannen. Die erste Variante ist mit etwa 45 Minuten die kürzeste, in diesem Fall verzichten wir auf das Picknick und begeben uns umgehend zum nächstgelegenen Brauereigasthof.

Nach Sambach

Nachdem wir den Garten durch das Drehkreuz wieder verlassen haben, gehen wir links und durchschreiten den Schlosshof, nicht ohne die Architektur nochmals angemessen zu würdigen. Auf der anderen Seite des Hofes beginnt alsbald eine Teerstraße, die außen an der Gartenmauer entlangführt. Nach ca. 200 Metern treffen wir auf die Bäckerei Burkhard (sehr gutes Brot), die Straße knickt links ab. Es geht weiter an der Mauer entlang, bis wir auf die Dorfstraße treffen. Hier gehen wir rechts und gleich wieder links in die Straße Am Steinbruch hinein. Nach wenigen 100 Metern verlassen wir Pommersfelden, die Straße wird schmaler und schlechter und erinnert eher an einen Feldweg. Wir wandern knapp einen Kilometer, bis eine kleine Kreuzung links den Weg nach Sambach weist. Im Ort halten wir uns auf der Dorfstraße rechts und treffen alsbald auf die katholische Pfarrkirche St. Antonius. Links davon steht in grünem Kontrast der Brauereigasthof Hennemann. Dazu gehört ein Getränkehandel, in dessen Hof sich im Sommer ein etwas improvisierter, aber durchaus schattiger Biergarten befindet. Der Schanktisch bietet Lager und ein naturtrübes Zwickel vom Fass, mehr Sorten gibt es nicht und mehr sind auch nicht nötig. Das Bier ist dunkel, herb-süffig und im Großraum Nürnberg nahezu unbekannt und kaum erhältlich. Bis vor wenigen Jahren verfügte die Brauerei auch noch nicht über eine Flaschenabfüllanlage. Dies hat sich mittlerweile geändert, so dass das Bier auch bügelflaschen- oder kastenweise mitgenommen werden kann. Und wer Hunger verspürt: Die üblichen Brotzeiten und warmen Gerichte leisten hier Abhilfe.

Das Bier:
Brauereigasthof Hennemann, Sambach 33, 96178 Pommersfelden, Tel. 0 95 02/43 07, Mi–So ab 11.30, Brotzeiten und warme Gerichte, Mo, Di Ruhetag. Lager, naturtrübes Zwickl vom Fass.

Veit Bronnenmeyer

Informationen:
Schloss Weißenstein, Schloss 1, 96178 Pommersfelden, Tel. 0 95 48/9 81 80, www.schlosspommersfelden.de, Apr–Okt tägl. 10.00–17.00, Besichtigung nur im Rahmen einer Führung, Führungen jeweils zur vollen Stunde, Dauer ca. 60 Min., Sonderführungen nach Vereinbarung. Mitte Jul–Mitte Aug letzte Führung 14.00.

Extras:
Von Mitte Jul–Mitte Aug finden im Marmorsaal Konzerte des Collegium Musicum statt, nähere Informationen hierzu siehe S. 106.

Karte:
Wird eigentlich nicht benötigt, ein passender Ausschnitt ist auf der Fritsch Wanderkarte Nr. 67, Naturpark Steigerwald, zu finden.

18 Wein auf Bier

Tour: Halbtagestour rund um Zeil am Main.
Länge: Ca. 11 km.
Dauer: Reine Gehzeit ca. 3 1/2 Std.
Höhenunterschied: Ca. 100 m.
Markierungen: Lokale Markierungen Hase und Dachs.
Familie: Für Kinder ab 8 Jahren geeignet.
Saison: Von Frühjahr bis Herbst empfehlenswert.
Anfahrt: *Pkw:* Auf der A73 bis zum Bamberger Kreuz, dann die A70 Richtung Schweinfurt, Ausfahrt Eltmann. *ÖPNV:* Mit dem Regionalexpress von Nürnberg nach Schweinfurt bis Zeil.

Die Qual der Wahl

Mit jedem Meter westlich von Bamberg kommt man näher an den Wein. Schon auf der oberfränkischen Seite der Bezirksgrenze sind die ersten bescheidenen Rebstockreihen auszumachen. Spätestens nach dem Schwarzen Berg wähnt sich der Bierfreund endgültig im »Feindesland«. Dabei können auch die Unterfranken sehr gutes Bier brauen, wie am Beispiel der Stadt Zeil zu beweisen ist. Die Frage, ob schließlich die Besenwirtschaft eines örtlichen Winzers oder die Brauereigaststätte das Ende des Weges markieren soll, muss von jeder Wandergruppe selbst entschieden werden.

Bekannt ist Zeil auch für den Abt-Degen-Weinwanderweg, dieser beginnt kurz vor dem Ortseingang und ist gut ausgeschildert. Er ist aber eben auch ein WEIN-Wanderweg und außerdem an Wochenenden und Feiertagen sehr frequentiert, so dass mit dieser Tour eine nicht ganz so reizvolle, aber entspanntere Alternative für Bierfreunde angeboten wird.

Die sanften Hügel der Haßberge

Startpunkt ist der Marktplatz von Zeil. Der Ort war seit dem Dreißigjährigen Krieg Richtplatz des Hochstifts Bamberg. Über 300 »Hexen« wurden hier verbrannt, die letzte übrigens im Jahr 1631. Das Rathaus befindet sich vor uns, wir wenden uns nach rechts. Ca. 50 Meter später sehen wir einen Brunnen.

Nochmals 100 Meter weiter ist bereits der Brauereigasthof Göller zu erkennen. Vorerst halten wir uns aber links und folgen der Markierung Kelten-Erlebnisweg, auch die lokale Markierung Hase ist hin und wieder sichtbar. Wir gehen etwa 500 Meter durch den Ort, überqueren eine Hauptstraße und folgen den Markierungen weitere 500 Meter durch ein Wohngebiet. Schließlich geht die Straße in einen geteerten Wirtschaftsweg über. Wir folgen den Markierungen weiter, sanft ansteigend durch eine liebliche Hügellandschaft. Nach etwa eineinhalb Kilometern gabelt sich der Weg. Wir halten uns links und gehen noch ca. einen Kilometer den gewohnten Markierungen nach. Auf einer kleinen Anhöhe mit Mobilfunkmast und Parkplatz verlassen wir den Kelten-Erlebnisweg. Wir halten uns rechts und folgen jetzt nur noch der Markierung Hase.

Krum und Wald

Auf einem geteerten Wanderweg geht es dann bergab in die Ortschaft Krum. Hier folgen wir der Dorfstraße. Bei der Kirche zweigt die Markierung Hase nach links ab. Die Pfarrkirche St. Peter und Paul wurde 1758 erbaut. Sie enthält Stuckwerk

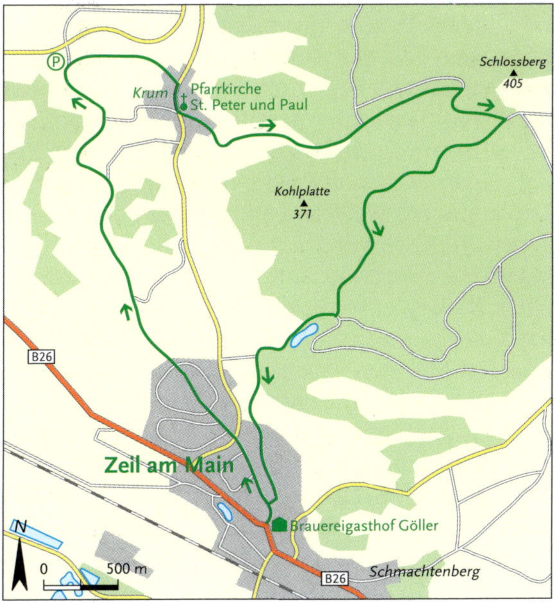

St. Johannes von Nepomuk ist unter anderem der Schutzpatron des Beichtgeheimnisses.

von Johann Peter Hellmuth und einen Hochaltar mit Pieta aus der 1804 säkularisierten Dominikanerkirche in Bamberg. Wir gehen kurz an einem Bach entlang und dann wieder links über eine kleine Brücke. Kurz darauf kommen wir auf einen gepflasterten Feldweg. An einem Kruzifix gabelt sich die Strecke, wir wenden uns nach links und folgen weiter der Markierung. Diese führt uns kurz darauf in einen schon etwas zugewachsenen Hohlweg (nicht davon irritieren lassen) mäßig steil bergauf und kurz darauf wieder aus dem Laubwald hinaus. Wir gehen weiter am Waldrand entlang, bis der Weg – abermals etwas zugewachsen – wieder in den Wald hineinführt. Die Hasen-Markierung ist weiterhin sporadisch sichtbar. Wir gehen etwa einen Kilometer leicht bergauf und treffen schließlich in einer Art T-Kreuzung auf einen Forstweg. Hier geht es rechts, nach wenigen Minuten sehen wir das Schild »Schlossberg«, und es kreuzt abermals ein Forstweg. Wir wenden uns wieder rechts und beginnen mit dem Abstieg. Wir folgen dem Hauptweg und der Markierung Dachs etwa zwei Kilometer bergab, bis wir wieder auf eine T-Kreuzung treffen. Nach Zeil geht es rechts, wenige Minuten später zweigt ein Wander- bzw. Radweg links ab. Dieser führt uns wieder in den Ort hinein bis in die Stadtmitte, wo wir auf den Brauereigasthof Göller treffen. Eigentlich ist er ja zu groß für eine fränkische Brauereiwirtschaft, aber das Bier ist vorzüglich und erfreut sich in den letzten Jahren einer immer größeren Beliebtheit. Teilweise ist es schon in Nürnberger Getränkemärkten erhältlich. Der Erfolg lässt den Braumeister nicht rasten und nicht ruhen und so gibt es mittlerweile eine schier unüberschaubare Bierauswahl, neun Sorten Bier und vier Sorten Weißbier. Probiertipp ist das Göller-Original oder aber für Fans das Rauchbier. Bei gutem Wetter raten wir zur Nutzung des schönen, großen Biergartens, der auch über einen Kinderspielplatz verfügt.

Das Bier:
Brauereigasthof Göller, Speiersgasse 21, 97475 Zeil am Main, Tel. 0 95 24/95 54, www.brauerei-goeller.de, tägl. 9.30–1.00, Di Ruhetag, bis 21.30 warme Küche, Brauereiführungen möglich, Tel. 0 95 24/3 00 40. Göller-Original, Rauchbier und weitere Sorten.

Veit Bronnenmeyer

Informationen:
Stadtverwaltung Zeil, Marktplatz 8, 97475 Zeil am Main, Tel. 0 95 24/94 90, www.zeil-am-main.de
Die Stadtverwaltung bietet eine Hexen-Führung an. Sie kann unter o.g. Kontakt gebucht werden.
Extras:
Wallfahrtskirche Zeiler Käppele mit Kreuzweg, tägl. bis zum Einbruch der Dunkelheit geöffnet. Der heutige Bau wurde 1889–97 errichtet und ersetzt eine schlichte Kapelle von 1727.
Karte:
Naturpark Haßberge, Karte UK L 23 des Bayerischen Landesvermessungsamtes.

19 Über den Schwarzen Berg nach Weinfranken

Tour: Wanderung von Eltmann nach Sand am Main und zurück.
Länge: Ca. 19 km.
Dauer: Reine Gehzeit ca. 5 Std.
Höhenunterschied: Ca. 200 m.
Markierungen: Bis Ebersberg blaues M, bis Sand am Main Keltenweg, bis Limbach unmarkiert, zurück mit dem blauen M.
Familie: Relativ weite Tour, erst für Kinder ab etwa 14 Jahren geeignet.
Saison: Die Tour ist im Spätsommer und Herbst zur Weinlese schön.
Besonderheiten: Bierfest Eltmann am letzten Wochenende im Juli und Altmain-Fest in Sand am Main.
Anfahrt: Am besten mit *Kfz*: Über die A70 Ausfahrt Eltmann.

Mit dem Main eine kulturelle Grenze überschreiten

Wenn Franken kulinarisch über seine Grenzen hinaus bekannt ist, dann für den Frankenwein. Und der kommt aus Unterfranken, aus Würzburg und Umgebung. Eltmann liegt in Unterfranken am Südrand der Haßberge. Gerade noch. Bereits wenige Kilometer weiter östlich beginnt Oberfranken. Der Einfluss der Bierhauptstadt Bamberg reicht noch bis hierher. Überschreitet man aber den Schwarzen Berg – bekannt hauptsächlich durch Staumeldungen aus dem Verkehrsfunk – ändert sich einiges. Aus Bierkellern werden Heckenwirtschaften, aus Brauereien werden Weingüter und statt Wurst gibt es eher Käse als Brotzeit.

Ein erstaunlicher Grenzgang mit dem Main und dem Mainweg steht uns bevor.

Die letzten drei Kilometer Bierfranken

In Eltmann ist die Biertrinkerwelt noch in Ordnung. Das Örtchen ist geprägt durch den markanten Wallbergturm und hat natürlich eine rustikale Brauerei. Lamm-Bräu heißt sie und hält sich nicht viel mit Schnickschnack auf. Gutes Bier gibt es, das Zwickl-Bier sei wärmstens empfohlen, deftige Brotzeiten und gratis dazu jede Menge Geschichten vom Wirt und vom Stammtisch, wenn den Einheimischen danach ist. Man legt hier Wert auf die Feststellung, zu Bierfranken zu gehören. Die Stadt nennt sich Steigerwälder Bierstadt am Main und feiert das am letzten Wochenende im Juli mit den Eltmanner Biertagen. Der Schwarze Berg schützt vor dem Einfluss des Weinfränkischen, obwohl natürlich auch in Eltmann Heckenwirtschaften einen Vorgeschmack bieten. Die Kultur der Winzer prägt hier aber noch nicht die Stadt. Wir wagen eine Expedition ins andere Franken.

Am Main und über den Schwarzen Berg

Anschließend verlassen wir Eltmann in Richtung Ebelsbach und finden noch vor der Überquerung der Mainbrücke Treppenstufen, die hinab ans Flussufer führen. Durch ein Gässchen spazieren wir zum Main und laufen dann bequem ein ganzes Stück an seinem Ufer entlang. Wir unterqueren die A70, die hier den Schwarzen Berg per Tunnel durchquert.

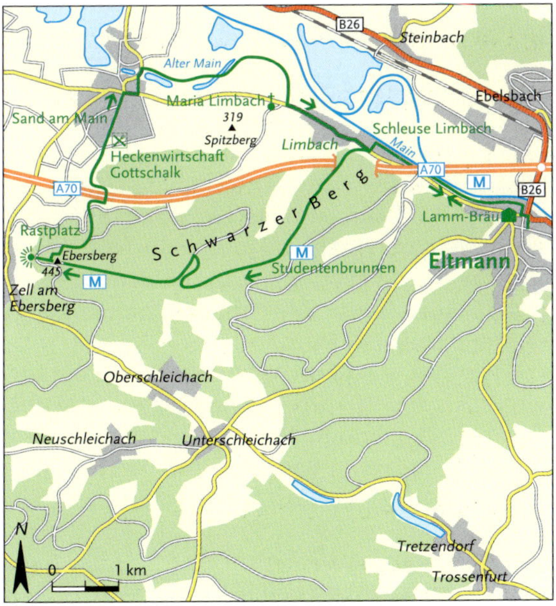

Nach der großen Autobahnbrücke halten wir uns rechts, es geht noch ein kleines Stück entlang des Maines, fast bis zur Schleuse Limbach. Ehe wir diese erreichen, weist uns das blaue M aber nach links an die vielbefahrene Landstraße zwischen Eltmann und Sand am Main, an der wir etwa 300 ungemütliche Meter entlanglaufen müssen, ehe wir am Fuß des Schwarzen Berges stehen und uns die Wanderzeichen nach links hinauf in den Wald weisen. Stille empfängt uns und es geht kräftig bergan. Mal steiler, mal komfortabler zieht sich der gut ausgebaute Weg durch wunderbaren Buchenwald. Nach knapp zwei Kilometern passieren wir eine Quelle, den so genannten Studentenbrunnen. Nach weiteren eineinhalb Kilometern kommt von links ein geschotterter Weg, auf dem wir weiterwandern. Abzweigungen ignorieren wir und erreichen nach nochmals zweieinhalb Kilometern schließlich den Ebersberg, hoch über Zell am Ebersberg gelegen.

Wir haben den Schwarzen Berg und mit ihm die in keiner Karte verzeichnete breite und waldreiche Grenze zwischen Wein- und Bierfranken überquert.

Ein schöner Rastplatz empfängt uns, von dem aus man bei günstigem Wetter bis zur Rhön hinauf blicken kann. Dann verlassen wir den Mainweg und machen uns an den Abstieg in die fränkische Welt des Weines.

Schoppen statt Seidla

Etwa 100 Meter gehen wir von hier aus zurück, dann weist uns ein unauffälliges Schild links hinab nach Sand am Main. Der schmale Waldpfad ist nicht besonders gut gepflegt und führt relativ steil am Hang entlang hinab. Wir erreichen ein Forststräßchen und halten uns jetzt mit der Markierung Keltenweg weiter bergab. Diese führt uns nun immer hangabwärts sicher Richtung Sand am Main.

Wir treten aus dem Wald und stoßen auf die ersten Weinberge. An ihnen vorbei erreichen wir die Brücke, die uns über die A70 bringt. Von der anderen Seite grüßen bereits weitere Weinlagen. Besonders im Herbst ist das ein prächtiger Anblick, wenn das Laub der verschiedenen Rebsorten in unterschiedlichen Gelb-, Grün- und Rot-Tönen erstrahlt. Von hier stammen so bekannte Lagen wie der Sander Himmelsbühl. Zünftig geht es beim Altmain-Fest zu, wenn die Weine

Weinberge bei Sand am Main

des vergangenen Jahres verkostet werden, begleitet von einem musikalischen Stimmungsprogramm. In den Steigerwälder Lagen gedeihen hauptsächlich sehr mineralstoffreiche Weine, wie Silvaner oder Müller-Thurgau. Wer es trocken liebt, wird diese fränkischen Qualitätsweine schätzen. Irgendwie ist alles ein wenig anders, wenn man nach Sand am Main hineinspaziert. Beinahe etwas südländischer, etwas leichter, eben etwas weiniger. Und trotzdem urfränkisch. Was dem Brauer sein Bierkeller, auf dem frisch ab Braukessel ausgeschenkt wird, ist dem Winzer seine Heckenwirtschaft. Acht Winzer betreiben in Sand am Main eigene Heckenwirtschaften. Im Sommer wird dort Wein ausgeschenkt, im Frühherbst überwiegend frischer Federweißer. Dazu gibt es kleine Brotzeiten. Die qualitativ besten Weine kommen in den bekannten fränkischen Bocksbeutel – eine charakteristische Flaschenform. Lassen Sie sich Zeit für einen gemütlichen Rundgang und genießen Sie auch diese kulinarische Seite Frankens.

Am alten Main zurück

Wir gehen nach unserem kleinen Wein-Seitensprung geradewegs durch Sand am Main hindurch. Am Ende des Ortes passieren wir eine kleine Brücke und erreichen den alten Main. Rechts geht es nun Richtung Limbach. Der Gewässerlehrpfad begleitet uns und verrät viel Interessantes über Fauna und Flora dieses Feuchtgebietes. Über Wiesenpfade erreichen wir einen Feldweg und halten uns links weiter Richtung Limbach. Rechts sehen wir nun die Wallfahrtskirche Maria Limbach – imposantes Zeugnis für Balthasar Neumanns Baukunst und zum Bistum Würzburg gehörend. In einem weiten Rechtsbogen laufen wir darauf zu und erreichen die Straße genau zwischen der Gemeinde Limbach und der Kirche Maria Limbach.

Wir halten uns links und durchqueren etwas mühsam ganz Limbach. Kurz vor dem Ortsende weist ein Schild zur Schleuse Limbach und wir sehen den Main wieder, an dessen Ufer wir zurück nach Eltmann spazieren. Das Fazit kann nur sein: Wo Franken sich mit alkoholischen Getränken beschäftigen, da ist das Ergebnis erfreulich.

Das Bier (und der Wein):

Lamm-Bräu, Markplatz 11, 97483 Eltmann, Tel. 0 95 22/59 59, Di, Fr, So 9.00–22.00, sonst 9.00–14.00, hauptsächlich Brotzeiten. Zwickl-Bier.

Heckenwirtschaft Gottschalk, Steigerwaldstraße 41, 97522 Sand am Main, Tel. 0 95 24/33 36, Fr ab 17.00, Sa ab 15.00, So ab 14.00, Aug geschlossen. Wein aus ökologisch erzeugtem Anbau.

Reinhard Weirauch

Informationen:

Gemeinde Sand am Main, Kirchplatz 2, 97522 Sand am Main, Tel. 0 95 24/8 22 20, www.sand-am-main.de

Karte:

Fritsch Wanderkarte Nr. 67, Naturpark Steigerwald.

Im frommen Wald 20

Tour: Wanderung durch die Laubwälder des nördlichen Steigerwaldes um Theinheim inklusive Kreuzweg und Mini-Kapelle.

Länge: Ca. 14 km.

Dauer: Reine Gehzeit etwa 3 1/2 Std.

Höhenunterschied: Ca. 100 m, keine nennenswerten Anstiege.

Markierungen: Grüner Lolli (könnte auch ein querliegendes Schlüsselloch darstellen), roter Tropfen und lokale Markierungen.

Familie: Wegen der Länge für kleine Kinder eher ungeeignet, für größere gibt es im Wald und an Wegesrändern im Herbst jedoch viel zu entdecken (Pilze, Beeren, evtl. Wildtiere).

Saison: Im Sommerhalbjahr empfehlenswert, im Herbst wegen der Laubfärbung besonders reizvoll.

Anfahrt: Am besten mit *Kfz*: Über die A3 Richtung Würzburg, Ausfahrt Schlüsselfeld, dann durch die Ortsmitte von Schlüsselfeld nach Aschbach, weiter nach Burgwindheim und von dort nach Falsbrunn, Theinheim ist die nächste Ortschaft. Oder über die A73 Ausfahrt Bamberg Süd, dann über die B22 in Richtung Würzburg bis Burgwindheim, von dort nach Falsbrunn und Theinheim. (Karte oder Straßenatlas sollten auf jeden Fall bereitliegen.)

Der Steigerwald – fränkische Region im Schatten

Dass der Steigerwald als Tourismus-Region oder Ausflugsziel eher im Schatten steht, liegt nicht nur an den dichten Laubwäldern, sondern auch an der höheren Popularität etwa der Fränkischen Schweiz, der Frankenalb oder von Mainfranken. Wie schon aus der etwas abenteuerlichen Anfahrtsbeschreibung hervorgeht, ist der Steigerwald auch gar nicht so einfach zu erschließen. Dafür bietet dieses Mittelgebirge zwischen Main und Aisch auf einer Fläche von etwa 1300 Quadratkilometern ausgedehnte Wälder, reizvolle Bachtäler und typisch fränkische Haufendörfer, die bis heute frei von städtischem Zuzug sind und daher in großen Teilen noch ursprünglich-authentisch aussehen. Auch kleinere Teile des fränkischen Weinanbaugebietes liegen im Steigerwald. Charakteristisch für den Norden, wo wir uns auf dieser Tour bewegen, sind die Buchen. Die ausgedehnten Laubwälder machen mit ihren zum Teil 200-jährigen Bäumen noch heute nahezu die Hälfte der Waldfläche aus. Bemerkenswert an der Fauna sind vor allem die Wildschweine, die hier in größeren Beständen leben. Die üppig vorhandenen Eicheln und Bucheckern bieten dem Borstenvieh eine reichhaltige Nahrungsgrundlage.

Zur Buße – Kreuzweg und Kapelle

Wir starten unsere Tour direkt beim Brauereigasthof Grüner Baum in Theinheim. Zwischen der Wirtschaft und der Kirche führt eine Straße (»Holzberg«) leicht bergan, ausgeschildert ist auch der »Jugendzeltplatz«. Wir verlassen den Ort in nördlicher Richtung, die Straße geht in einen asphaltierten Wirtschaftsweg über. Linke und rechte Abzweigungen beirren uns nicht. Wir bleiben auf dem Hauptweg, entdecken linker Hand den Eingang zu einem Kreuzweg mit 15 Stationen (nicht Teil

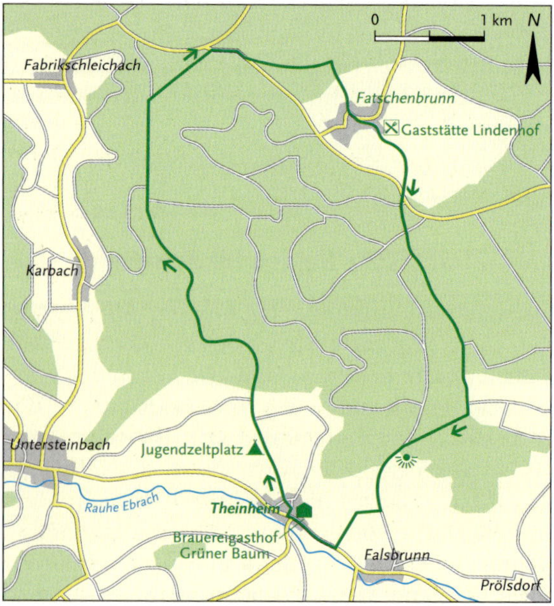

Am Ende der Tour bietet sich ein schöner Blick ins Tal der Rauhen Ebrach.

dieser Tour). Wenige 100 Meter weiter steht ein kleiner Marienaltar. Daneben befindet sich eine (äußerst) kleine Kapelle, die kaum mehr als zwei Gläubigen auf einmal Schutz und Andacht bieten kann (Besichtigung jederzeit möglich). Wie in anderen katholischen Gegenden Frankens sind Glaube und Religion auch hier im ehemaligen Hochstift Würzburg im Alltag noch deutlich präsent. Im Wald halten wir uns geradeaus und treffen alsbald auf die Markierung grüner Lolli. Im weiteren Verlauf des Weges ist auch häufig Fabrikschleichach ausgeschildert. Gut zweieinhalb Kilometer, nachdem wir den Wald betreten haben, zweigt rechts ein Weg nach Fatschenbrunn ab, links weist die Beschilderung nach Karbach und Fabrikschleichach. Wir bleiben immer auf dem Hauptweg, der knapp 500 Meter später einen deutlichen Knick nach rechts ausführt. Auch wenn die Markierung grüner Lolli kurz darauf nach links abzweigt, gehen wir stur geradeaus, bis wir eine Autostraße erreichen. Wir befinden uns nun auf der Höhe einer Einmündung, rechts geht es nach Fatschenbrunn und Hummelmarter. An dieser Straße gehen wir einige 100 Meter entlang. Die ersten beiden Wege, die links in den Wald hineinführen, ignorieren wir noch und wenden uns stattdessen noch einmal 100 Meter später links in den Wald. Hier befindet sich ein Hinweisschild zu einem Wertholzlager, später ist auch die lokale Markierung Reh sichtbar und Fatschenbrunn ausgeschildert. Wir wandern etwa 500 Meter durch den Wald, bis wir auf eine kleine Lichtung treffen, wo rechter Hand mehrere geschotterte Wege abgehen. Wir wählen den dritten und gehen durch Schafgarbe, Heidekraut und Margeriten, bis ein Feldweg kreuzt. Dann weiter geradeaus über einen Wiesenweg bis nach Fatschenbrunn. An der Hauptstraße halten wir uns links, ab hier ist für uns die Markierung ausschlaggebend, die wie ein liegender, roter Tropfen aussieht. Über die Lindenstraße kommen wir in den Markertsgrüner Weg, der uns wieder aus dem Ort hinausführt. Vor dem Ortsende passieren wir die Gaststätte Lindenhof, die uns aber etwas zu herausgeputzt erscheint. Wir wandern weitere 500 Meter zwischen Feldern hindurch und erreichen eine Autostraße. Achtung, auf der anderen Seite gehen wir nicht den einladenden Weg in den Wald hinein, sondern links am Waldrand entlang, der Markierung roter Tropfen nach. Kurz darauf erreichen wir eine Kreuzung mehrerer Wanderwege, auch hier folgen wir der Markierung weiter geradeaus und gelangen wieder in den Wald. Nach knapp zwei Kilometern geht die Markierung nach links, wir aber gehen immer noch geradeaus weiter. Kurz darauf vereinigt sich unser Weg mit der lokalen Markierung Ameise. Nach gut einem weiteren Kilometer erreichen wir den Waldrand, es bietet sich ein schöner Blick über das Tal der Rauhen Ebrach. Die Strecke führt nun als Wirtschaftsweg bergab. Etwa 500 Meter weiter kreuzt ein anderer Wirtschaftsweg, wir wenden uns wieder leicht bergan nach rechts. Der Weg ist gesäumt von Holunder- und Schlehenbüschen, auch Hagebutten und Brombeeren fallen ins Auge. Er knickt kurz darauf wieder links ab und führt hinunter zur Verbindungsstraße nach Theinheim. Wir folgen ihr noch wenige 100 Meter nach rechts und kommen wieder zum Ausgangspunkt der Tour.

Zur Sünde

Mit dem Grünen Baum betreibt Familie Bayer eine der kleinsten Brauereien Frankens und eine der wenigen, die hier in der Gegend bis heute überlebt haben. Gebraut wird nur für den Ausschank und den Verkauf im Gasthof. Eine Flaschenabfüllung gibt es nicht. Das halbdunkle, ungespundete Universalbier schmeckt herb-frisch und ist durchaus eine Sünde wert, kann aber nur in Fässern mitgenommen werden. Als besonderer Service für Besucher, die von weiter her angereist sind, werden seit kurzem auch 5-Liter-Partyfässer angeboten. Die Speisekarte ist ungewöhnlich reichhaltig. Neben den üblichen warmen und kalten Standards gibt es zum Beispiel Lammspezialitäten, verschiedene Steakarten oder Wildschweinbratwürste (Vorsicht: Geschmack ist etwas ungewohnt) zu rustikalen Preisen. Zusätzlich veranstaltet die Küche immer wieder Spezialwochen, zum Beispiel mit Fisch- oder Wildgerichten. Jedes Jahr am ersten Wochenende im August ist Brauereifest, die letzten beiden Sommerferienwochen sind Betriebsurlaub.

Das Bier:

Brauereigasthof Bayer Grüner Baum, Schulterbachstraße 15, 96181 Rauhenebrach-Theinheim, Tel. 0 95 54/2 93, www.bayer-theinheim.de, Di–Sa 9.00–23.00, Mo Ruhetag, warme Küche 11.30–14.00 und 17.00–22.00, So 17.00–21.00. Halbdunkles, ungespundetes Universalbier.

Veit Bronnenmeyer

Informationen:

Tourist-Information Steigerwald, Hauptstraße 1, 91443 Scheinfeld, Tel. 0 91 62/1 24 24, www.steigerwald-info.de

Gemeinde Rauhenebrach, Hauptstraße 1, 96181 Rauhenebrach, Tel. 0 95 54/9 22 10, www.rauhenebrach.de

Karte:

Fritsch Wanderkarte Nr. 67, Naturpark Steigerwald.

21 Franken hoch drei

Tour: Mittelschwere Wanderung durch drei Regierungsbezirke von Schlüsselfeld zum Dreifrankenstein.
Länge: Ca. 16 km.
Dauer: Reine Gehzeit ca. 5 Std.
Höhenunterschied: Ca. 100 m Unterschied.
Markierungen: Blauer Lolli von Schlüsselfeld zum Dreifrankenstein, lokale Markierungen bis hinter Ziegelsambach, grüner Lolli zurück nach Schlüsselfeld.
Familie: Aufgrund der Länge nur für ältere Kinder geeignet.
Saison: Bei Nässe teilweise schwer gangbar, bei Trockenheit ganzjährig geeignet.
Anfahrt: Am besten mit *Kfz*: Von Nürnberg über die A73 und die A3 Richtung Würzburg, Ausfahrt Schlüsselfeld.

Der Drei-Franken-Weg

Ausgangspunkt ist der Marktplatz von Schlüsselfeld. Wir verlassen den Marktplatz durch das Stadttor in westliche Richtung. Das Bauwerk samt Turm und Vortor stammt aus dem 15. Jahrhundert, es war Teil der mittelalterlichen Stadtbefestigung und erhielt seine heutige Gestalt um 1689. Nach ca. 100 Metern finden wir das erste Mal die Markierung, die wie ein querliegender blauer Lolli anmutet (vielleicht stellt sie auch einen Schlüssel ohne Bart dar). Diese Markierung leitet uns links aus dem Ort, unter der A3 hindurch und an drei Karpfenweihern entlang. Dann führt der Weg in einen Mischwald. Wir folgen nun der Markierung etwa viereinhalb Kilometer entlang der Grenzlinie zwischen Ober- und Mittelfranken durch den Wald und über Felder, bis linker Hand der Dreifrankenstein unsere Aufmerksamkeit erregt.

Franken an sich mutet oftmals wie ein hypothetisches Konstrukt an, gab es doch niemals ein entsprechendes Königreich oder anderswie abgegrenztes Territorium. Am Anfang des 10. Jahrhunderts bildete sich das Herzogtum Franken als eines von fünf Stammesherzogtümern des ostfränkischen Reiches. Sein Gebiet erstreckte sich über Hessen, das nördliche Baden-

Württemberg, Südthüringen, weite Teile von Rheinland-Pfalz und die fränkischen Gebiete im heutigen Bayern. Im Gegensatz zu einigen anderen Stammesherzogtümern hielt das fränkische aber nicht lange. Dafür gab es aber etwa ab 1500 einen Fränkischen Reichskreis im Heiligen Römischen Reich, zusammengesetzt aus drei heute noch bestehenden Bezirken, dem südlichen Thüringen, der Region Heilbronn-Franken und dem Ostteil des Neckar-Odenwald-Kreises im heutigen Baden-Württemberg. In den Reichskreisen waren die Herrschaftsträger einer Region zusammengeschlossen, um gemeinsame Aufgaben für das Reich wahrzunehmen, wie zum Beispiel die Stellung eines Kontingentes für das Reichsheer, die Wahrung der öffentlichen Ordnung oder das Münzwesen. Der Fränkische Reichskreis existierte bis zum Ende des Heiligen Römischen Reiches 1806.

Der Dreifrankenstein

Heute treffen genau hier am Dreifrankenstein die drei Regierungsbezirke Ober-, Mittel- und Unterfranken aufeinander. Der 2,80 Meter hohe Naturstein aus Muschelkalk ist gewissermaßen

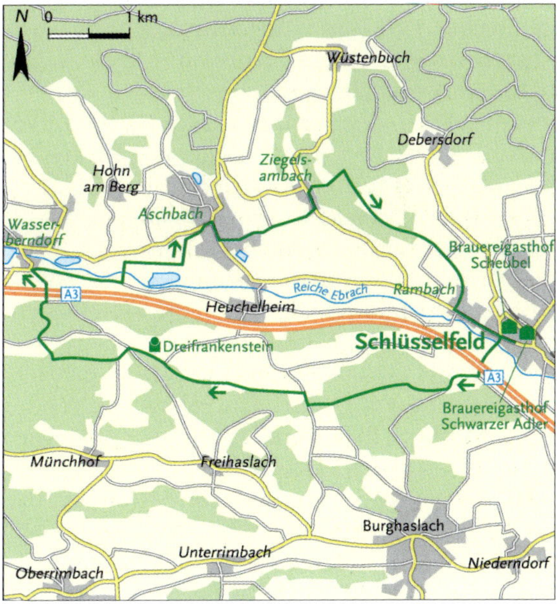

eine Neuauflage des alten Dreifrankensteines, der seit 1892 zwei Kilometer nördlich von Geiselwind an der Quelle der Reichen Ebrach steht. Da sich die Flurgrenzen im Laufe der Jahre immer wieder leicht verschoben und zuletzt durch die Gebietsreform Ende der 70er Jahre nochmals korrigiert wurden, verschob sich auch das Drei-Franken-Eck. Seit 1979 markiert dieser Grenzstein den gültigen Schnittpunkt der drei Bezirke. Wir halten uns weiter an die Markierung blauer Lolli, überqueren die Landstraße und wandern noch etwa einen Kilometer durch Mischwald. An einer Wegkreuzung verlassen wir die bisherige Markierung und wenden uns nach rechts Richtung Wasserberndorf. Die Strecke wird durch verschiedene lokale Markierungen bezeichnet (G7-Gelb, Elster bzw. Hirschkäfer auf weißem Grund). Wir steigen durch einen Hohlweg ab und überqueren die A3. In Wasserberndorf führt der Steigerwaldradweg (bzw. der Rundweg A5) nach etwa 100 Metern rechts in Richtung Schlüsselfeld.

Tal und Berg

Nach ca. einem Kilometer wenden wir uns an einer T-Kreuzung links und kurz darauf der Markierung A5 folgend wieder rechts. Der Weg führt nun durch die Auen der Reichen Ebrach nach Aschbach, wobei die Idylle weniger durch die nahe Autobahn als durch ein klotziges Gewerbegebäude mit der Aufschrift »Frankennorm« gestört wird. Wem dieser Weg zu schlecht oder zu feucht ist, der kommt auch auf der parallel verlaufenden Landstraße nach Aschbach.

In Aschbach überqueren wir die abknickende Vorfahrtsstraße und biegen rechts in den Schlüsselfelder Weg ein, kurz darauf führt die Bergstraße links mäßig steil bergauf. Wir verlassen den Ort und folgen der Teerstraße etwa einen Kilometer nach Ziegelsambach und dann der Markierung A4 links durch den Ort. Bei der abknickenden Vorfahrt gehen wir rechts weiter der Markierung nach. Ein Feldweg geht nun leicht bergan und biegt kurz darauf links ab. Hier folgen wir nicht der Biegung, sondern den etwas blassen Markierungen geradeaus am Waldrand entlang. Nach etwa 500 Metern treffen wir auf einen größeren Forstweg und die Markierung grüner Lolli. Wir biegen rechts ab und folgen dem Weg (Achtung, die Markierung kommt so schnell nicht wieder, nicht irritieren lassen!) gut

Die Stern-Bräu der Familie Scheubel ist eine von zwei Brauereien in Schlüsselfeld.

zweieinhalb Kilometer bis nach Rambach. In Rambach treffen wir auf die Hauptstraße. Wie wenden uns nach links und gehen an der Straße entlang zurück nach Schlüsselfeld, wo die durstigen Kehlen in zwei Brauereiwirtschaften erfolgreich erfrischt werden können. Der Brauereigasthof Scheubel hat eine Modernisierung ganz gut überstanden. Es gibt ein hervorragendes herb-frisches, helles Vollbier, mit dem sich auch eingefleischte Pilstrinker anfreunden können, und ein halbdunkles Festbier. Die Küche bietet Brotzeiten und kleine Gerichte, sonn- und feiertags auch Braten mit Klößen und selbstgebackenen Kuchen.

Der Brauereigasthof Schwarzer Adler befindet sich direkt am Marktplatz und ist so perfekt herausgeputzt, dass man misstrauisch werden könnte, zumal die Küche vom üblichen Standard etwas nach oben abweicht. Innen ist das Lokal schlicht rustikal und gut von Einheimischen frequentiert. Das halbdunkle Vollbier wirkt beim ersten Schluck zwar etwas unrund, gewinnt aber mit jedem weiteren.

Das Bier:

Brauereigasthof Scheubel, Kirchplatz 12, 96132 Schlüsselfeld, Tel. 0 95 52/3 20, www.brauerei-scheubel.de, tägl. 8.00–24.00 (»Bis halt der Letzte geht.«). Helles Vollbier, halbdunkles Festbier.

Brauereigasthof Schwarzer Adler, Marktplatz 6, 96132 Schlüsselfeld, Tel. 0 95 52/3 59, Di–So 10.00–23.00, Mo Ruhetag. Halbdunkles Vollbier.

Veit Bronnenmeyer

Informationen:

Stadt Schlüsselfeld, Marktplatz 5, 96132 Schlüsselfeld, Tel. 0 95 52/9 22 20, www.schluesselfeld.de

Extras:

Gotische Pfarrkirche St. Johannes mit reicher Ausstattung, wie z. B. einem Rokokotabernakel von Peter Wagner, tagsüber bis zum Einbruch der Dunkelheit geöffnet.

Marienkirche von 1724 mit barockem Hochaltar und fränkischer Barockorgel, Mai–Okt tagsüber geöffnet, Nov–Apr geschlossen, auf Anfrage Besichtigung aber möglich, Tel. 0 95 52/92 22 10.

Karte:

Fritsch Wanderkarte Nr. 67, Naturpark Steigerwald.

Durch die Karpfengründe 22

Tour: Spaziergang rund um Uehlfeld im fränkischen Karpfenzentrum Aischgrund.
Länge: Ca. 10 km.
Dauer: Ca. 3 Std.
Höhenunterschied: Ca. 70 m Höhenunterschied.
Markierungen: Blaues Doppelkreuz und lokale Markierung Lindenblätter.
Familie: Für Kinder ab etwa 6 Jahren geeignet.
Saison: Bei Nässe nicht empfehlenswert, am besten zu Beginn oder Ende der Karpfenzeit (Sep–Apr).
Anfahrt: *Kfz:* Von Nürnberg über die A73 und die A3 zur Ausfahrt Höchstadt Nord, dann über die B470 nach Uehlfeld. *ÖPNV:* Mit der Regionalbahn Linie 1 von Nürnberg oder Fürth Hbf bis Neustadt/Aisch, dann mit dem OVF-Bus 127 nach Uehlfeld.

Karpfendichte

Rund um die Marktgemeinde Uehlfeld befindet sich die höchste Konzentration von Karpfenweihern im Aischgrund, der im Mittelalter eine Vielzahl von Klöstern beheimatete (vor allem Zisterzienser). Die Mönche hatten einen entsprechend großen Bedarf an Fisch in der Fastenzeit und züchteten den berühmten, hochrückigen und gering beschuppten Aischgründer Karpfen, denn in der Fastenzeit durfte keine Speise über den Tellerrand hinausstehen. Katholisch-kreativ, wie sie waren, züchteten die Mönche eine Karpfensorte, die eben weniger lang, dafür umso höher war, um nicht zu viel vom Genuss einbüßen zu müssen. Noch heute wird diese Art in 1500 Weihern im Aischgrund gezüchtet und natürlich am besten gleich daselbst verkostet.

Start in Uehlfeld ist die Hauptstraße auf Höhe der Kirche (am Brauereigasthof Prechtel). Mit dem Gotteshaus auf der rechten Seite folgen wir der Straße bis zur abknickenden Vorfahrt. Hier gehen wir rechts und entdecken alsbald den Brauereigasthof Zwanzger. Die Straße gabelt sich, rechts beginnt mit der Veit-vom-Berg-Straße auch die Markierung blaues Doppelkreuz. Der Weg führt einige 100 Meter durch ein Wohngebiet. An dessen Ende wird er zum asphaltierten Feldweg. (Achtung, keine

Markierung, einfach geradeaus weitergehen.) Wir folgen ihm etwa 500 Meter durch Wiesen und Felder, bis ein ähnlicher Weg kreuzt. Hier leitet uns die Markierung nach links, kurz darauf stoßen wir auf eine erste kleine Ansammlung von Fischteichen.

Durch den Zauberwald

Nach den Weihern führt der Weg geradeaus in einen Nadelwald (Markierung schwer zu erkennen). Der Forst wirkt durch den stark bemoosten, leicht welligen Boden verwunschen – sehr schön an einem Sonnentag, unheimlich bei Nebel oder Nacht. Wir folgen stets der Markierung blaues Doppelkreuz durch den Wald, bis es zu einem kurzen, aber steilen Anstieg kommt. Bei einer Ansammlung junger Birken scheint sich der Weg zu gabeln, hier halten wir uns rechts, da der linke Weg alsbald im Wald endet. Schließlich treffen wir auf eine Landstraße. Hier geht es rechts (jedoch nicht scharf rechts in Richtung Weickersdorf) für einige 100 Meter an der Straße entlang, weitere Karpfengewässer befinden sich linker Hand. Kurz nach dem Straßenschild, das die Abzweigung Vestenbergsgreuth ankündigt, geht links ein eher unscheinbarer Feldweg ab. Er gabelt sich nach 30 Metern,

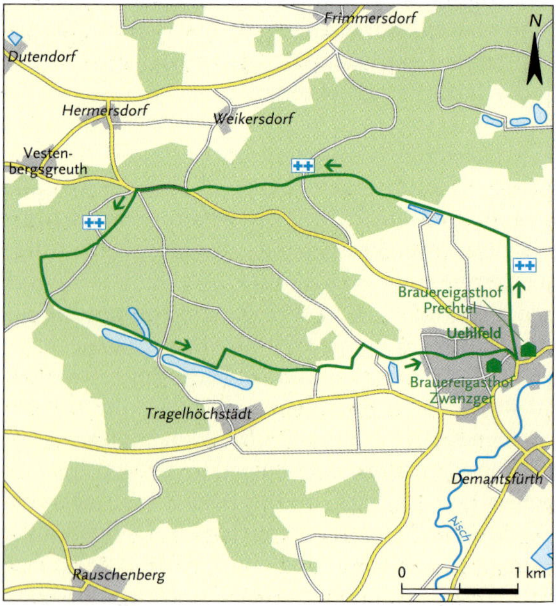

In 1500 Weihern werden die berühmten Aischgründer Karpfen gezüchtet.

die Markierung blaues Doppelkreuz führt nach rechts. Kurz darauf treffen wir auf die lokale Markierung Lindenblätter (auf gelbem Grund) und folgen dem gemeinsamen Verlauf beider Markierungen. Nach ca. 15 Minuten trennt sich der lokale Weg links ab. Wir folgen von nun an der Markierung Lindenblätter.

Die Weihermeile

Bei einem größeren Teich kreuzen sich mehrere Wanderwege. Wir folgen nun dem Weiher-Wander-Weg bzw. dem Uehlfelder-Karpfen-Rundweg in Richtung Uehlfeld. Auf einer Länge von eineinhalb Kilometern reiht sich nun Weiher an Weiher. Teilweise laden einfache Bänke und Tische zu einer Rast am einen oder anderen Ufer ein. Bedauerlich nur, dass die Karpfensaison keine direkte Zubereitung und sofortigen Verzehr der Fischspezialität vor Ort zulässt, zumal der Magen schon deutlich einen gewissen Bedarf signalisiert. Bei einer Wandertafel kreuzt ein asphaltierter Weg. Wir gehen weiter geradeaus und folgen wieder der Markierung Lindenblätter. Diese Markierung führt bei einer weiteren Kreuzung wieder links in den Wald und danach auf einen geteerten Wirtschaftsweg bis zum Ortsrand von Uehlfeld. (Achtung: Die Markierung zeigt kurz vor dem Ortsrand nach links bergan, bitte ignorieren.) Wir folgen nun der Straße durch ein Wohngebiet zurück zum Ortskern. Nun gilt es, zweier Spezialitäten von Weltruf zu huldigen, und wir müssen nur noch entscheiden, in welchem der beiden Brauereigasthöfe wir uns Bier und Karpfen schmecken lassen. Als besondere Attraktion bietet die Region jedes Jahr im Herbst die Karpfenschmecker-Wochen.

Der Brauereigasthof Zwanzger bietet zudem diverse Sorten Gerstensaft, empfehlenswert ist das unfiltrierte »Hausbräu« oder die »Uehlfelder Weisse«. Der Gasthof Prechtel braut eine Sorte helles Landbier, zur Fastenzeit Starkbier, zur Kirchweih und zu Weihnachten Festbier. Außerdem verfügt er über einen sehr schönen Bierkeller in Voggendorf (an der Hauptstraße entlang, das Tor passieren, danach rechts über den Fluss, Gesamtentfernung nur gut 500 Meter), der von Mai bis September bei schönem Wetter geöffnet ist. Hier gibt es auch ein schmackhaftes Kellerbier und für Kinder einen Spielplatz, nur auf den Karpfen muss man verzichten.

Das Bier:

Brauereigasthof Prechtel, Hauptstraße 24, 91486 Uehlfeld, Tel. 0 91 63/2 28, Di–So 8.00–23.00, Mo Ruhetag. Helles Landbier, Starkbier zur Fastenzeit, zur Kirchweih und zu Weihnachten Festbier.

Brauereigasthof Zwanzger, Burghaslacher Straße 10, 91486 Uehlfeld, Tel. 0 91 63/95 97 56, www.brauerei-gasthof-zwanzger.de, Di–Do 10.00–14.00, 16.00 bis der Letzte geht, Fr–So 10.00 bis der Letzte geht. Unfiltriertes »Hausbräu«, »Uehlfelder Weisse«.

Veit Bronnenmeyer

Informationen:

Markt Uehlfeld, Rosenhofstraße 6, 91486 Uehlfeld, Tel. 0 91 63/9 99 00.

Extras:

Informationen zu den Karpfenschmecker-Wochen unter www.aischgruender-karpfen.de

Karte:

Fritsch Wanderkarte, Nr. 71, Frankens gemütliche Ecke.

Ein langer Weg 23

Tour: Ausgedehnte Wanderung von Neustadt/Aisch über die Burg Hoheneck nach Bad Windsheim, auch als Fahrradtour möglich.

Länge: Ca. 23 km.

Dauer: Reine Gehzeit ca. 7 Std.

Höhenunterschied: Ca. 130 m, einige kurze, aber steile Anstiege.

Markierungen: Gelber Querstrich, blauer Querstrich.

Familie: Wegen der Länge für Kinder eher ungeeignet.

Saison: Apr–Okt.

Variante: Die Route nicht ablaufen, sondern mit dem Fahrrad fahren. Hierzu werden aber unbedingt geländetaugliche Räder benötigt. Die Fahrzeit beträgt etwa 2 1/2 Std. Dadurch bleibt evtl. Zeit für einen Besuch des Freilandmuseums.

Anfahrt: *ÖPNV:* Mit dem Zug (Regionalbahn Linie 1) von Nürnberg oder Fürth Hbf nach Neustadt/Aisch. Rückfahrt von Bad Windsheim mit der Aischtalbahn bis Neustadt und dann wieder zum Startbahnhof. (Achtung: Die Züge von Bad Windsheim fahren Sa und So nur alle 2 Std., unbedingt vorher den Fahrplan prüfen.) Mitnahme von Fahrrädern ist möglich, die Regionalbahnen sind dabei weniger voll als der Regionalexpress, wo Radler dann oft abgewiesen werden.

Out of Neustadt

Startpunkt ist der Bahnhof in Neustadt/Aisch. Mit dem Gebäude im Rücken wenden wir uns nach rechts und gehen an der Straße entlang, die Markierung gelber Querstrich ist bereits zu sehen. Nach etwa 200 Metern gehen wir rechts, unterqueren die Bahngleise und gleich danach wieder links. Wir wandern weitere 200 Meter an den Gleisen entlang, bis die Markierung in eine Abzweigung nach rechts weist, die Burg Hoheneck ist hier schon angeschrieben. Die Straße geht alsbald in einen Schotterweg über und führt leicht bergan, zwischen Maisfeldern hindurch. Wir kommen an eine T-Kreuzung, wo sich ein schöner Blick über das Tal bietet. Wir halten uns links. Kurz darauf weist die Markierung nach rechts in einen schmalen Hohlweg hinein, der bergab immer schmaler und holpriger wird (Radfahrer sollten hier besser absteigen). Wir kommen am Rand einer Wiese heraus, wo auch ein Feldweg kreuzt, und gehen geradeaus weiter. Wir überqueren eine Vorfahrtsstraße und gehen weiter geradeaus. Der Feldweg geht nun in einen Wiesenweg über, knickt einmal rechts, einmal links ab und mündet in eine kleine Asphaltstraße. Wir folgen der Straße geradeaus (nicht über die Holzbrücke rechter Hand, wohin die Markierung etwas missverständlich leiten könnte). Etwa einen Kilometer lang geht es nun durch Wiesen und Felder, dann treffen wir auf eine Ortsverbindungsstraße und gehen links. Die Straße steigt alsbald an, am Fuße des Anstiegs führt unsere Markierung gelber Querstrich halb rechts in den Wald hinein. Auf einem teilweise sehr schmalen Pfad gehen wir durch den Wald und treffen kurz darauf auf eine Gabelung, an der wir uns rechts halten. Gemütlich geht der Weg nun gut einen Kilometer am Waldrand entlang und durch kurze Waldstücke hindurch. An einer Teerstraße gehen wir dann rechts an einem Fischweiher vorbei und kurz darauf wieder links in den Wald hinein. Nach wenigen 100 Metern treffen wir wieder auf eine Straße, gehen kurz links und alsbald wieder rechts. Hier geht es – stellenweise recht unkomfortabel – wieder einen Dreiviertelkilometer durch den Wald, bis wir auf eine T-Kreuzung stoßen. Hier wenden wir uns links und treffen kurz darauf bei einem kleinen Bach auf einen Schotterweg. Der gelbe Querstrich leitet uns nach rechts und kurz darauf wieder nach links in eine Wiese. Nach gut 100 Metern biegt der Weg wieder rechts ab und führt am Waldrand entlang, bis wir auf einen geschotterten Forstweg treffen, wo wir uns links halten. Knapp einen Kilometer später erreichen wir wieder eine Ortsverbindungsstraße, die wir halb rechts überqueren. Hier gabelt sich der Weg, wir gehen rechts, kurz parallel zur Straße. Sodann bieten sich zwei Möglichkeiten zum Linksabbiegen. Wir wählen den rechten der beiden Wege (frisch geteert).

Im mittelfränkischen Weinzentrum

Der Teerweg führt uns nun an veritablen Weinhängen vorbei. Ein Winzer aus Ipsheim baut hier die Reben an und stellt daraus sowohl Rot- als auch Weißwein und sogar Sekt her. Am

Ende der Weinhänge führt der Weg relativ steil bergauf und gabelt sich kurz darauf. Wir halten uns links, wo es nochmals steil bergauf geht. Am Ende der Steigung zweigt die Markierung rechts ab. Jetzt geht es wieder eben durch den Wald, wir folgen dem Hauptweg, der kurz darauf wieder aus dem Gehölz hinausführt. Wir wandern nun am Waldrand entlang und genießen rechter Hand eine schöne Aussicht über Ipsheim und das Windsheimer Becken. In Ipsheim gehen über 20 Winzer einem Gewerbe nach, das mancher ausschließlich am Main in Unterfranken vermutet – indes, es geht auch an der Aisch. Man kann den Ort daher mit einer gewissen Berechtigung als mittelfränkisches Weinmekka bezeichnen. Dieser Waldrand mit der herrlichen Sicht bietet sich zudem für eine längere Rast an, da wir nun etwa die Hälfte des Weges hinter uns haben und die Burg Hoheneck leider kaum Möglichkeiten zum Pausemachen bietet.

Der Weg führt dann bald wieder auf eine Teerstraße. Hier gehen wir links und kurz darauf wieder rechts zur Burg. Etwa 100 Meter vor dem Burgtor befindet sich ein Parkplatz, von wo aus unser Weg weiter geht. Vorher versuchen wir aber noch, ei-

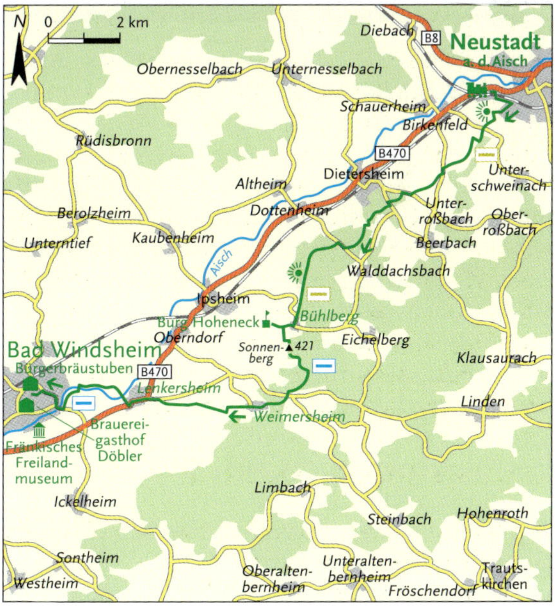

Am Kornmarkt in Bad Windsheim steht der Brauereigasthof Döbler.

nen kurzen Blick auf den sehr idyllischen Burghof zu werfen, was nicht einfach ist, da die Burg vom Stadtjugendring Nürnberg als Tagungs- und Bildungsstätte genutzt wird und daher weder besichtigt noch betreten werden darf; aber mit etwas Glück steht vielleicht das Tor offen. Die Burg wurde erstmals 1132 urkundlich erwähnt, sie wechselte häufig den Besitzer und wurde 1461 und 1553 eingeäschert. 1664 wurde sie schließlich durch Markgraf Christian Ernst wieder aufgebaut. Die hier zuständige Geistererscheinung ist die »Weiße Frau«, die Witwe eines Kulmbacher Markgrafen, die ihre beiden Kinder ermordete, um den Nürnberger Burggrafen heiraten zu können. Nach ihrem Tod geisterte sie angeblich durch verschiedene Schlösser der Nachkommen des Burggrafen. Auf Hoheneck soll sie 1525 zum letzten Mal erschienen sein – oder auch nicht.

Vom Parkplatz aus weist schließlich die Markierung blauer Querstrich nach Weimersheim. Wir gehen nun etwa einen Kilometer auf dem Kamm des Weinberges Sonnenberg entlang, kommen dann durch ein kurzes Waldstück und treffen danach auf eine Kreuzung mehrerer Waldwege. Die Markierung führt uns gegenüber wieder in den Wald hinein. Dann verlassen wir den Wald, stoßen auf ein Rapsfeld und wenden uns nach rechts. Schließlich treffen wir auf eine Ortsverbindungsstraße, die wir überqueren. Auf der anderen Seite gabelt sich der Weg, wir gehen rechts und befinden uns kurz darauf auf einem steilen Abstieg hinunter nach Weimersheim. Zu unserer Rechten liegt abermals ein Weinberg. Wir durchqueren Weimersheim auf der Hauptstraße. Diese biegt am Ortsende rechts ab, wir halten uns dagegen weiter geradeaus und befinden uns nun auf einem asphaltierten Wirtschaftsweg, der sich wenige 100 Meter später wieder gabelt. Wir wählen die rechte Seite und wandern gut einen Kilometer durch Wiesen und Felder. Schließlich geht der Weg in einen Wiesenweg über, der kurze Zeit später auf einen Radweg trifft. Parallel zur Straße gehen wir nun nach Lenkersheim. Im Ort bleiben wir auf der Hauptstraße, am Ortsende zweigt der Kühlsheimer Weg rechts ab. Die Straße geht kurz darauf in einen Wirtschaftsweg über, wir halten uns weiter an den blauen Querstrich, passieren zwei Brücken, später eine Straßenunterführung und sind kurz darauf am Ortsrand von Bad Windsheim.

Freie Reichsstadt Windsheim

Nach einigen 100 Metern durch ein Gewerbegebiet führt die Markierung nach links über die Aisch, dann wieder rechts und im weiteren Verlauf an etlichen Schrebergärten vorbei. Schließlich kommen wir an eine Straße, die linker Hand aus dem Ort hinausführt. Wir gehen aber rechts, folgen der Vorfahrtsstraße und erreichen kurz darauf die Altstadt.

Bad Windsheim geht auf eine Siedlung zurück, deren Anfänge im 8. Jahrhundert liegen. Im Mittelalter wurde der Ort 1295 zur Freien Reichsstadt erhoben und befand sich so auf Augenhöhe mit Nürnberg, Rothenburg oder Schweinfurt. Historische Zeugnisse sind zum Beispiel der Alte Bauhof von 1441, der fast nur aus einem riesigen Vollwalmdach besteht und eines der kühnsten Holzbauwerke des Mittelalters ist. Der Ochsenhof, ein Getreidespeicher von 1537, beherbergt heute das Stadtmuseum. Sehenswert sind zudem die auf das 12. Jahrhundert zurückgehende Stadtkirche St. Kilian oder das barocke Rathaus, welches 1717 durch Johann Michael Aspacher und Giovanni Rigaglia realisiert wurde. Darüber hinaus gibt es aber noch gut ein Dutzend weitere Sehenswürdigkeiten in der hübschen, von Fachwerk geprägten Altstadt. Ende des 19. Jahrhunderts stieß man dann auch noch im Norden des Ortes auf starke Heilquellen. 1906 wurde ein Kurhaus errichtet, einen imposanten Kurpark gibt es heute noch. Erst 1961 wurde der Ort offiziell in Bad Windsheim umbenannt. 1982 wurde das Fränkische Freilandmuseum am südlichen Ortsrand eröffnet. Heute umfasst es 45 Hektar und 80 historische Gebäude in sieben Baugruppen.

Bier wird auch noch gebraut in Bad Windsheim. Die Gaststätte der Brauerei Döbler befindet sich am Kornmarkt. Ausgeschenkt werden ein »Altstadt Hell«, ein naturtrübes »Reichsstadt-Bier«, Pils und Weizen. An fester Nahrung werden nur Brotzeiten gereicht, dafür ist das Ambiente authentisch und urig. Die Bürgerbräu-Stuben sind der Gasthof der Bad Windsheimer Bürgerbräu. Neben Hellem und Pils gibt es das »Freilandmuseumsbier« (Dunkles und Pils), das die Brauerei im historischen Brauhaus des Museums einmal in der Woche zu 25 Hektolitern produziert. Die Speisekarte bietet eine reiche Auswahl an warmen und kalten Gerichten.

Das Bier:

Brauhaus Döbler, Kornmarkt 6, 91438 Bad Windsheim, Tel. 0 98 41/20 02, www.brauhaus-doebler.de, Mo, Mi, Fr 9.00–23.00, Di 9.00–13.00, Do 9.00–19.00, Sa. 9.00–17.00, So, Fei geschlossen, Brotzeiten. »Altstadt Hell«, naturtrübes »Reichsstadt-Bier«, Pils, Weizen.

Bürgerbräu-Stuben, An der Alten Weed 10, 91438 Bad Windsheim, Tel. 0 98 41/15 44, warme Küche Di–So 11.30–14.30 und 17.00–22.00, Mo Ruhetag. Helles, Pils, Dunkles und Pils (»Freilandmuseumsbier«).

Veit Bronnenmeyer

Informationen:

Kur-, Kongress- und Touristik-GmbH Bad Windsheim, Erkenbrechtallee 2, 91438 Bad Windsheim, Tel. 0 98 41/40 20, www.bad-windsheim.de

Extras:

Fränkisches Freilandmuseum, Eisweiherweg 1, 91438 Bad Windsheim, Tel. 0 98 41/6 68 00, www.freilandmuseum.de, Mitte März–Mitte Okt 9.00–18.00, Mitte Okt–Anfang Nov 10.00–17.00, Anfang Nov–Mitte Dez 10.00–16.00, Mitte Sept–Anfang Jun Mo Ruhetag, Winteröffnungstag meistens 6. Jan., Einlass bis eine Std. vor Schließung. Im Fränkischen Freilandmuseum wurden historische Häuser und Höfe aus ganz Franken zusammengetragen, die ansonsten verfallen oder abgerissen worden wären. Das Museum zeigt das Alltagsleben früherer Jahrhunderte. Zu bestimmten Terminen wird Brot gebacken, Getreide gemahlen, getöpfert oder Bier gebraut, alles wie vor 200 Jahren. Zusätzlich gibt es diverse Sonderveranstaltungen, Führungen nach Anmeldung.

Karte:

Fritsch Wanderkarte Nr. 71, Frankens gemütliche Ecke.

24 Frankens Obstgarten

Tour: Kurze Wanderung im westlichen Mittelfranken rund um Unternbibert.

Länge: Ca. 7 km.

Dauer: Reine Gehzeit ca. 2 Std.

Höhenunterschied: Ca. 50 m, nur leichte Anstiege.

Familie: Aufgrund der Kürze auch mit kleineren Kindern gut machbar, Strecke ist für Kinderwagen geeignet.

Saison: Grundsätzlich zu jeder Jahreszeit, wegen der vielen reifen Früchte besonders im Spätsommer und Herbst reizvoll, im Sommer Badegelegenheit in Unternbibert.

Anfahrt: *Kfz:* Auf der Staatsstraße 2245 über Zirndorf nach Großhabersdorf, danach auf der Kreisstraße 24 über Dietenhofen und Andorf nach Unternbibert (Karte oder Atlas sollten bereitliegen). *ÖPNV:* Mit dem OVF-Bus VGN-Linie 113 von Nürnberg-Rothenburger Straße bzw. (fährt nur selten) von Fürth Hbf.

Der Naturpark Frankenhöhe

Es muss ja nicht immer die Fränkische sein. Auch westlich von Nürnberg und Fürth finden wir eine äußerst reizvolle Landschaft, die streckenweise sehr dünn besiedelt ist. Entsprechend ist sie weniger erschlossen, und man kann noch die eine oder andere unerwartete Entdeckung machen. So haben sich auch hier vereinzelt noch kleine Brauereien erhalten, deren Ruf noch nicht bis in den Großraum Nürnberg vorgedrungen ist. Geografisch wird die Frankenhöhe im Westen von der Tauber und im Norden von der Aisch begrenzt. Südlichster Punkt ist Feuchtwangen, und das östliche Ende markiert der Landkreis Fürth. Dass die Gegend den Status eines Naturparks erhalten hat, zeigt, dass eine entsprechend schützenswerte Landschaft und Natur vorhanden ist, die von den Menschen aber auch nachhaltig genutzt werden soll. Die Nutzung soll sich mit dem Schutz verbinden, dies gilt sowohl für die Landwirtschaft als auch für Naherholung und Tourismus. Charakteristisch für den Naturpark Frankenhöhe sind die Lebensräume Streuobstwiese, Gewässer, Wald und Halbtrockenrasen (Weidewirtschaft durch Schäferei).

Der Spaziergang

Wir starten beim Brauereigasthof Reuter in Unternbibert. Mit der Wirtschaft im Rücken wenden wir uns nach links und gehen auf der Hauptstraße durch den Ort. Am Ortsende gabelt sich die Straße, wir halten uns rechts in Richtung Fladengreuth. Gleich darauf zweigt wieder eine Straße rechts ab, der wir folgen. Der Vorteil der kleinen Ortsverbindungsstraßen hier besteht darin, dass sie kaum befahren sind. Hin und wieder ein Traktor, mehr kommt kaum. Daher ist die Frankenhöhe ein gutes Terrain für Radfahrer oder Wanderungen auf unbeschwerlichen Wegen. Nach gut eineinhalb Kilometern erreichen wir Fladengereuth. Wir durchqueren den Weiler auf der Dorfstraße. Am Ortsende zweigt kurz vor dem Ortsschild links ein Wirtschaftsweg ab. Hier fängt Frankens Obstgarten an, im Spätsommer und Herbst kann man den Versuchungen der Zwetschgen, Äpfel und Birnen am Wegesrand kaum widerstehen. Aber Vorsicht: Vor allem die Apfel- und Birnbäume sind Teil einer extensiven Landwirtschaft und dürfen daher nicht geplündert werden. Auf den folgenden zwei Kilometern bis Obernbibert passieren wir jedoch auch Holundersträucher und reichhaltige Zwetschgenbäume,

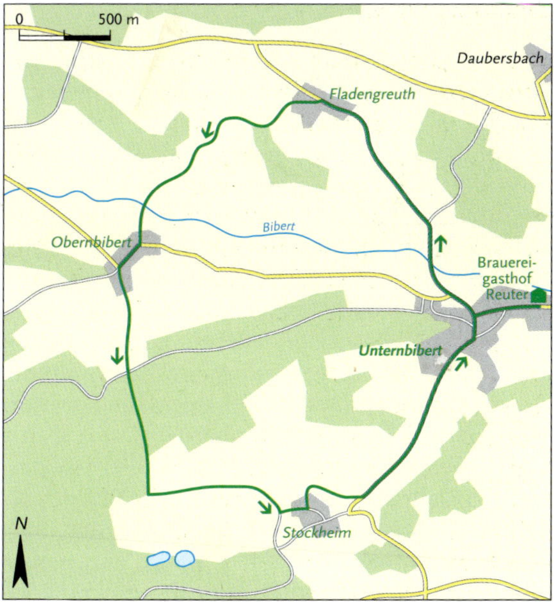

die offenbar nicht systematisch abgeerntet werden und wo ein paar Kostproben sicher geduldet sind. Auch Brombeeren sind reichlich vorhanden (wegen des Fuchsbandwurms besser nicht roh verzehren). In Obernbibert treffen wir auf die Hauptstraße und gehen rechts. Kurz danach biegt die Vorfahrtsstraße rechts ab, wir halten uns links. Wieder etwas später zweigt rechts ein Weg ab, wir gehen geradeaus und verlassen den Ort auf einem Feldweg. Abermals wird die Strecke von Obstbäumen und Sträuchern gesäumt. Wenige 100 Meter später kreuzt ein anderer Wirtschaftsweg. Wir gehen weiter geradeaus und kommen auf einem leichten Anstieg in einen Mischwald. Für Pilzkundige lohnt sich hier womöglich ein genauerer Blick nach links und rechts. Gegen Ende des Anstieges stoßen wir bei einem Maisfeld auf eine Art T-Kreuzung. Hier gehen wir rechts, wo die Markierung grüner Querstrich erscheint, die für uns aber keine weitere Bedeutung hat. Kurz darauf kreuzt schon wieder ein Wirtschaftsweg, wir halten uns links. Nach einem guten Kilometer erreichen wir die sehr abgelegene Ortschaft Stockheim. Wir gehen in den Ort und halten uns gleich bei der ersten Abzweigung wieder links. Die Straße führt aus Stockheim hinaus und zurück nach Unternbibert. Sie macht einen Rechtsbogen und trifft danach auf eine kaum breitere Vorfahrtsstraße. Hier halten wir uns links und sehen bereits die Dächer und den Kirchturm von Unternbibert. Auf der ebenfalls kaum befahrenen Straße wandern wir die verbliebenen eineinhalb Kilometer zurück.

Die Einkehr

Die Brauerei Reuter (vormals Dietz) braut ein bernsteinfarbenes Universal-Vollbier mit nur 4 % Alkoholgehalt. Die Küche bietet Brotzeiten, Schnitzel, Koteletts und Bratwürste, aber auch verschiedene Salate. Allerdings sollte man sich beim Essen auf eine gewisse Wartezeit einstellen. Das Interieur entspricht fast archetypisch der authentischen Gasthaus-Variante.

Auf eine Besonderheit sei noch hingewiesen: Neben dem Gasthaus Zur Krone führt ein kleiner Fußweg zum Landschaftsweiher. Sehr idyllisch wurde hier 1999 ein Gewässer samt Insel zum Freizeitvergnügen angelegt. Baden ist erlaubt, es gibt auch einen Grill sowie Tische mit Bänken. Zelten und offenes Feuer sind nach Absprache mit dem Krone-Wirt möglich. Wie schon eingangs erwähnt, es muss ja nicht immer die Fränkische sein.

Paradiesische Zustände herrschen um Unternbibert.

Das Bier:
Brauereigasthof Reuter, Hauptstraße 17, 91622 Unternbibert, Tel. 0 98 28/2 29, Mo, Mi, Do ab 10.00, Fr ab 16.30, Sa, So ab 10.00 bis der Letzte geht, Di und jeden 3. So im Monat Ruhetag. Bernsteinfarbenes Universal-Vollbier.

Veit Bronnenmeyer

Informationen:
Naturpark Frankenhöhe e.V., Crailsheimerstraße 1, 91522 Ansbach, Tel. 09 81/4 87 56 88, www.naturpark-frankenhoehe.de
Gasthaus Zur Krone, Hauptstraße 26, 91622 Unternbibert, Tel. 0 98 28/14 39.
Karte:
Bayer. Landesvermessungsamt UK 50-16/17 Naturpark Frankenhöhe oder Fritsch Wanderkarte Nr. 71, Frankens gemütliche Ecke (gerade noch am unteren Rand).

Der fränkische Brauereigasthof als solcher

Der fränkische Brauereigasthof als solcher verdient eine nähere Betrachtung. Diese dient sowohl der beschreibenden Bestandsaufnahme als auch der Orientierung für Laien und neu gewonnene Freunde fränkischen Bieres.

Zunächst ist festzustellen, dass der Brauereigasthof – ebenso wie die Brauereien – nicht mehr so häufig anzutreffen ist. Zwar sind wir in der Fränkischen Schweiz und anderen Teilen Oberfrankens noch in ausreichender Zahl mit diesem Gastgewerbe gesegnet. Das darf jedoch nicht darüber hinwegtäuschen, dass es um andere Landesteile in dieser Hinsicht deutlich schlechter bestellt ist. Der Brauereigasthof ist eine vom Aussterben bedrohte Unterart altdeutscher Gastronomie, und wir tun gut daran, die wenigen verbliebenen zu hegen und zu pflegen und möglichst oft mit unserem Besuch zu beehren, auch wenn sie es uns manchmal schwer machen.

Woran aber erkennt man nun einen fränkischen Brauereigasthof? Was macht ihn aus? Was hebt ihn ab von einer Verköstigungsanstalt mit Industriebier-Ausschank? Das augenscheinlichste Merkmal ist dabei nur bedingt hilfreich. Zwar könnte man argumentieren, dass das Vorhandensein einer Braustätte nebst Abfüllanlage, Lager und Vertrieb ein simples Wirtshaus zu einem Brauereigasthof erhebt. Allein, das wäre zu undifferenziert und würde der Komplexität des Phänomens in keinster Weise gerecht. Natürlich benötigt ein Brauereigasthof eine entsprechende Produktionsstätte in unmittelbarer Nähe. Dieses Merkmal ist absolut notwendig, aber noch lange nicht hinreichend. Ein fränkischer Brauereigasthof ist nämlich keine nordbayerische Zirbelstube, in der die Preise den vom Wandern ausgezehrten Gast an Weimarer Inflationsverhältnisse erinnern. Vorsicht also bei frisch renovierten Gebäuden und gestrichenen Fassaden. Vorsicht bei weißen Tischdecken und Kellnern mit schwarzen Westen. Vorsicht bei aufwendigen Interieurs und Gaststuben mit mehr als sechs bis acht Tischen. Das bezahlen Sie alles mit und bekommen dafür den Charme einer geklonten Konserve.

Freundliches Personal ist sicherlich auf den ersten Blick angenehm, indes, es sollte auch Verdacht erregen, denn in Franken gilt: Je mürrischer ein Wirt sich gibt, je resoluter eine Wirtin in Küche und Gaststube waltet, desto besser ist die Qualität von Speis und Trank. Die Wirtsleute geben's halt nur ungern her und es soll auch schon vorgekommen sein, dass Fremde ohne Leumund gar nichts bekommen haben. Es kann nur eine Sorte Bier geben oder fünf, das hängt vom Sortiment ab und von der Anzahl der Zapfhähne. Eine Speisekarte ist nicht unbedingt vorhanden, gibt es sie, sollten es nicht mehr als zwei Seiten und von den dort gelisteten Köstlichkeiten auch schon die eine oder andere »aus« sein.

Dass das eingesetzte Personal der Familie angehört, versteht sich von selbst, wobei die Großmüttergeneration nicht selten die absolute Herrschaft über die Küche ausübt. Eine Oma und zwei Großtanten sind genau die richtige Besetzung, und häufig können Extrawünsche der Gäste nur erfüllt werden, wenn das Küchenkabinett per einstimmigen Beschluss den Antrag befürwortet. Dafür sind dann auch die Bratkartoffeln knusprig, die Klöße groß, die Schnitzel in der Pfanne gebraten, und grundsätzlich ist viel zu wenig Brot auf der Brotzeitplatte.

Widmen wir uns der Innenarchitektur. Diese kann gewöhnlich auf die Jahre zwischen 1958 und 1980 datiert werden. Eine umlaufende Sitzbank, dunkel und mehrfach angeschlagen, ist Standard, dazu gibt es relativ leichte Stühle mit meist konisch geformten Beinen. Den Möbeln darf kein kompletter Eichenwald zum Opfer gefallen sein. Die Tischplatten sind natürlich noch mit dem guten, alten und pflegeleichten Resopal bekleidet. (Wenn der Rest nicht zu dick aufgetragen ist, lassen wir ausnahmsweise auch gescheuerte Oberflächen aus massivem Ahorn gelten.) Das Licht ist nicht zu hell und nicht zu dunkel, oft werden Lampen über leeren Tischen ausgeschaltet, um Strom zu sparen. Es bleibt aber immer genug, um die Dekoration der Wände angemessen wahrzunehmen. Nirgendwo unterscheidet sich das Authentische vom Aufgesetzten so sehr wie hier. Holzverkleidungen als Kassetten oder mit Nut und Feder ausgeführt, sind in Ordnung, solange sie das entsprechende Alter haben. Unverkleidete Wände sind meist in einer Farbe gehalten, die sich in Jahrzehnten mehr und mehr vom Weiß entfernt hat. Zur Probe empfiehlt es sich, einen an der Wand befindlichen Rahmen etwas zu verschieben, die freigelegte Farbschattierung muss deutlich heller zum Vorschein kommen. Alte Gruppenfotos der Freiwilligen Feuerwehr sind o. k., auch noch ältere Abbildungen des Gesangs- oder Kriegervereins, nicht aber rustikal wirkende Ölschinken oder gar Aquarelle. Fotos von Franz Josef Strauß sind erlaubt, Stoiber ward noch nicht gesehen. Fanplakate des 1. FCN werden hingenommen, Bayern München … na ja. Pokale oder Urkunden der lokalen Fuß-, Hand-, Faust- und Völkerballmannschaft sind ebenso unvermeidlich wie die der Schützen, Sänger und Hasenzüchter. Auch einige eingerahmte Schafkopfblätter inklusive der Angabe von Spieler, Datum und Uhrzeit dürfen die Wände zieren. Wie schon erwähnt, sollte der Gastraum über nicht mehr als sechs bis acht Tische verfügen, Erweiterungen in Form eines Saales oder Anbaus sind genehmigt. Diese sind oft in einem weniger prächtigen Stil gehalten und können durch eine Ziehharmonikatür abgetrennt werden, die idealerweise aus ockergelbem Kunstleder besteht.

Musik ist vollkommen tabu, es sei denn, sie wird live und gegebenenfalls unter Zuhilfenahme einer Quetschkommode vom Stammtisch zum Besten gegeben. Manchmal tönen dezent die Klänge von Bayern 1 aus der Küche.

Schließlich sollte das Bier in klassischen, sich nach unten leicht verjüngenden Gläsern oder Steingutkrügen serviert werden und das Essen auf Tellern, die Muttern üblicherweise im Aussteuerschrank stehen hat und beim letzten Umzug des Lebens der Caritas übereignet, nachdem sich weder Kinder noch Enkel dafür erwärmen konnten. Das Besteck kann von einer einheitlichen Sorte sein, muss aber nicht.

Schließlich sollte nach getanem Genuss beim Verlassen des Gasthofs noch mal genau geprüft werden, was der Zigarettenautomat enthält (Salem, Overstolz oder Reval sollten schon dabei sein), dass der Parkplatz am Haus nicht zu groß ist und ob sich womöglich an der Gaststätte selbst oder einem der Nebengebäude noch eines jener alten, rautenförmigen Bluna- und Afri-Cola-Schilder befindet. Bei einem letzten Blick auf die außen angebrachte Speisekarte sollte man sich Öffnungszeiten und Telefonnummer genauer ansehen. Letztere darf nach der Vorwahl höchstens drei Stellen haben.

Veit Bronnenmeyer

Die Hochlagen des Rangau

25

Tour: Ganztagesradtour von Fürth nach Bruckberg und zurück.
Länge: Ca. 65 km.
Dauer: Reine Fahrzeit ca. 7 Std.
Höhenunterschied: Relativ eben, trotzdem einige kurze, aber steile Anstiege auf dem Hinweg.
Markierungen: Grüner Querstrich, grünes Kreuz, Jakobsweg, Biberttal-Radweg.
Familie: Für Kinder zu lang.
Saison: Von Frühjahr bis Herbst empfehlenswert, bei Nässe eher ungeeignet.
Varianten: Die Strecke der Rückfahrt auch für die Hinfahrt wählen (spart etwas Zeit und vor allem die Anstiege) oder von Bruckberg nach Heilsbronn und mit dem Zug zurückfahren.
Anfahrt: Die Tour beginnt am Fürther Hbf.

Mehrere Varianten

Das westliche Mittelfranken wird nicht nur hinsichtlich seiner landschaftlichen Reize und der durchaus vorhandenen Brauereien unterschätzt, sondern auch in Hinblick auf seine topografische Beschaffenheit.

Die nachfolgende Radtour kann in drei Varianten gemacht werden. Die beschriebene Hinfahrt führt über diverse Wanderwege und Nebenstrecken. Sie ist abwechslungsreicher und reizvoller, aber auch anstrengender als die Rückfahrt auf dem Biberttal-Radweg. Gleichwohl kann dieser auch schon zur Hinfahrt benutzt werden, was die Gesamtfahrzeit um eine gute Stunde verkürzt.

Wem schon die Hinfahrt alleine genügt, der kann von Bruckberg über Steinbach und Ketteldorf nach Heilsbronn fahren (ca. neun Kilometer) und dort in die Regionalbahn nach Nürnberg einsteigen.

Von Fürth bis Roßtal

Startpunkt ist der Fürther Hauptbahnhof. Hier wenden wir uns zum Südausgang und treffen auf die Karolinenstraße. Den Bahnhof vor uns, wenden wir uns nach links (Westen), überqueren die Schwabacher Straße und biegen am Bahnübergang Ottostraße wieder links ab. Wir fahren auf der Dambacher Straße, bis links das Gelände der Tucher-Brauerei kommt. Gegen Ende des Geländes führt rechts ein Radweg in die Rednitzwiesen. Hier wird nun die Markierung grüner Querstrich sichtbar. Wir folgen der Markierung und dem Weg bis an den Ortsrand von Zirndorf. Hier gilt es nun, den Markierungen grüner Querstrich und Biberttal-Radweg durch das anfängliche Wohngebiet und den Eichenhain gewissenhaft zu folgen. Schließlich treffen wir auf die Bibert und fahren weiter den Markierungen nach, am Freibad vorbei. Ein paar 100 Meter weiter trennen sich die beiden Markierungen an einer Brücke. Wir halten uns links und folgen von nun an nur noch dem grünen Querstrich. Über ein paar Stufen tragen wir die Räder und befinden uns nun an der Hauptstraße, diese gilt es zu überqueren. Gleich danach geht es links leicht bergan durch ein Mischgebiet (rechts liegt der Playmobil-Funpark). Am Ende des Wohngebietes geht die Markierung in einen Wirtschaftsweg über, auf diesem fahren wir bis zur Ortschaft Lind. Im Ort weist die Markierung gleich wieder nach rechts. Nach dem Ortsende geht es weiter über Feldwege, bis wir einen Waldrand erreichen. Die Markierung führt uns nun auf einem schmalen Wanderweg durch das Gehölz, geländetaugliche Räder sind hier unbestreitbar von Vorteil. Nach Verlassen des Waldes geht es nochmals kurz über einen Feldweg, bis wir eine T-Kreuzung erreichen. Hier wieder links, die Markierung verschwindet dann alsbald. Wir fahren weiter auf dem Hauptweg und erreichen nach wenigen 100 Metern eine Eisenbahnunterführung samt Teerstraße, welche uns nach Weitersdorf führt. Auf der Hauptstraße fahren wir rechts und erreichen kurz darauf Roßtal.

Auf und ab nach Bruckberg

In Roßtal passieren wir linker Hand den Bahnhof und fahren weiter auf der Vorfahrtsstraße durch den Ort, hier ist schon die nächste Markierung grünes Kreuz sichtbar. Wir überqueren den

Kreisverkehr und folgen der Markierung grünes Kreuz weiter, die kurz vor dem Ortsende zusammen mit dem Jakobsweg (Markierung: weiße Muschel auf blauem Grund) links von der Straße abgeht (Fernabrünster Straße). Wir fahren jetzt knapp vier Kilometer über Feld- und Waldwege, bis wir in Fernabrünst auf die Hauptstraße treffen. Wir wenden uns links und fahren kurz vor dem Ortsende den Markierungen blauer Punkt und Jakobsweg nach, rechts in den Schleifweg. Nach wenigen 100 Metern zweigen die Markierungen vom Wirtschaftsweg ab und führen rechts in einen Wiesenweg hinein. Dieser gabelt sich kurz darauf wieder, wir fahren links, bergab an einigen Fischweihern vorbei und erreichen schließlich Wendsdorf. Wir folgen den Markierungen weiter links durch den Ort und biegen an der Dorflinde rechts ab. Hier geht es nun auf einem grob geschotterten Feldweg kurz, aber sehr steil bergauf, bei der folgenden Weggabelung halten wir uns rechts. Dieses Muster – vergnügte Abfahrt in die Ortschaft, gefolgt von einem steilen Wiederanstieg – wiederholt sich übrigens bei den nachfolgenden Dörfern. Der Weg trifft auf eine T-Kreuzung, wir fahren links und erreichen kurz darauf eine Teerstraße, diese befahren wir nun nach rechts und werden mit einer achterbahnartigen Schussfahrt nach Bürglein

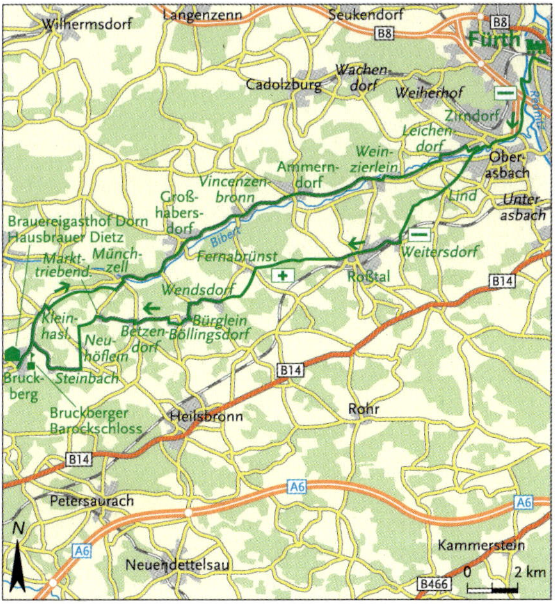

belohnt, wo wir auf die stark gewundene Hauptstraße treffen und links weiterfahren. Wir durchqueren den Ort (Bürglein geht direkt in Böllingsdorf über), passieren das Ortsschild von Böllingsdorf und biegen kurz darauf rechts ab in Richtung Betzendorf. Nach einem weiteren kurzen, aber steilen Anstieg kreuzt t-artig eine Landstraße, wir fahren links und kommen nach etwa eineinhalb Kilometern nach Betzendorf. Wir treffen auf eine Kreuzung, fahren rechts und bei der nächsten Gelegenheit wieder links in Richtung Markttriebendorf. Hier biegen wir vor der Kirche links in Richtung Neuhöflein ab (Markierung: Hohenzollernradweg/Karpfenradweg). Wir erreichen Neuhöflein nach knapp zwei Kilometern, überqueren die Hauptstraße und fahren auf einem asphaltierten Feldweg weiter (Markierungen wie eben). Nach einem knappen Kilometer treffen wir auf eine Teerstraße und halten uns rechts. Es geht wieder bergab nach Steinbach. Hier fahren wir wieder rechts und folgen der Beschilderung nach Bruckberg. Nach einem weiteren Kilometer passieren wir rechter Hand ein Mühlenanwesen und treffen kurz darauf auf die Staatsstraße 2246, die von Großhabersdorf nach Ansbach führt. Wir biegen links ein und fahren noch wenige 100 Meter auf einem Radweg an der Straße entlang nach Bruckberg. Hier empfiehlt sich eine Rast in einer der beiden Brauereigaststätten. Authentisch ist der Gasthof Dorn, es gibt Helles, Pils und Dunkles vom Fass. Probiertipp ist das herb-süffige Helle. Dazu die üblichen warmen und kalten Speisen, im Winter jedoch gibt es hier die weltbesten Karpfen. Der Hausbrauer Dietz verfügt dagegen über eine gehobenere Küche und ebensolche Preise. An Bieren werden Helles, Dunkles und Weizen vom Fass angeboten. Dazu gibt es eine eigene Brennerei.

Das Bruckberger Barockschloss wurde 1727 für die Ansbacher Markgräfin Christiane Charlotte vom Hofbaumeister Karl Friedrich von Zocha nach dem Vorbild des Stockholmer Schlosses erbaut. Der Bau blieb im Inneren unvollendet und wurde nach dem Tod der Markgräfin zur hochfürstlichen Porzellanfabrik. Heute gehört das Schloss zu den Bruckberger Anstalten der Diakonie, in denen behinderte Menschen leben und arbeiten.

Rückfahrt durch das Biberttal

Wir fahren so, wie wir gekommen sind, aus dem Ort wieder hinaus. An der Staatsstraße entlang verläuft nun der Markgra-

Wer dieses Mühlen-anwesen passiert, ist schon fast am Ziel.

fenradweg. Dieser führt uns nach Kleinhaslach, wird im Ort kurz unterbrochen und führt danach weiter nach Kehlmünz, wo er – schon fast am Ortsende – rechts abzweigt (ausgeschildert ist auch Hörleinsdorf). Nach etwa zweieinhalb Kilometern stoßen wir auf eine Teerstraße und fahren links Richtung Münchzell. Wir kommen wieder zur Staatsstraße, die wir überqueren; das Gleiche tun wir mit einer nachfolgenden kleinen Brücke. Danach halten wir uns halb links und kommen nach wenigen Metern auf den Biberttal-Radweg, der rechts zurück nach Fürth führt. Immer nahe an der Staatsstraße kommen wir zuerst durch Großhabersdorf, hinter dem Ort geht der Radweg rechts von der Hauptstraße weiter. Als Nächstes folgen Vincenzenbronn und Ammerndorf, wo es auch eine Brauerei Dorn, aber leider keine zugehörige Gaststätte gibt. Kurz vor Zirndorf erreichen wir Weinzierlein. Hier gilt es, den Markierungen genau zu folgen. Am Ortsanfang befindet sich ein Wanderparkplatz, hier weist die Markierung bei genauem Hinsehen nach links. Am Ende des Parkplatzes geht – sehr schmal – der Radweg weiter. Er erreicht nach wenigen 100 Metern die Dorfstraße, von der er kurz darauf halb links wieder abzweigt. Es geht kurz durch ein Wohngebiet, dann auf einen Wirtschaftsweg und an einem Campingplatz vorbei bzw. durch ihn hindurch. Kurz darauf erreichen wir eine große Straßenkreuzung. Der Weg führt uns nun links, durch Leichendorf hindurch. Als Nächstes erreichen wir wieder Zirndorf, wo wir alsbald auf die Brücke treffen, an der wir zu Beginn der Tour den Biberttal-Radweg verlassen haben. Es geht analog zur Hinfahrt am Freibad vorbei, durch den Eichenhain und schließlich in die Rednitzauen und zurück nach Fürth.

Das Bier:

Brauereigasthof Dorn, Markgrafenstraße 3, 91590 Bruckberg, Tel. 0 98 24/3 26, tägl. von 8.30 bis der Letzte geht, Di ab 14.00 und Mi ganztägig Ruhetag, außerdem an jedem letzte So im Monat, warme Küche 11.00–14.00 und 17.00–21.00. Helles, Pils und Dunkles vom Fass.

Der Hausbrauer Dietz, Feuerbachstraße 1, 91590 Bruckberg, Tel. 0 98 24/2 22, Di–Do ab 17.00, Fr–So ab 10.00, Mo und jeder 3. So im Monat Ruhetag. Helles, Dunkles und Weizen vom Fass.

Veit Bronnenmeyer

Informationen:

Gemeindeverwaltung Bruckberg, Schulweg 10, 91590 Bruckberg, www.bruckberg.de, Tel. 0 98 24/2 27, Mo–Fr 8.30–12.00, Mi zusätzlich 17.00–19.30.

Karte:

Naturpark Frankenhöhe, Karte UK 50-16/17 des Bayerischen Landesvermessungsamtes.

Hopfen und Spalt

26

Tour: Radtour von Roth durch das Spalter Hopfenland, über Abenberg zurück nach Roth.

Länge: Ca. 35 km.

Dauer: Reine Fahrzeit ca. 3 1/2 Std.

Höhenunterschied: Ca. 160 m, dabei sehr steiler Anstieg zwischen Spalt und Massendorf.

Markierungen: Lokale Markierungen, roter Punkt.

Familie: Variante für Kinder gut zu schaffen, ggf. bietet sich auch ein Abstecher zum Brombachsee an.

Saison: Zur Radelsaison, im Hochsommer vielleicht zu anstrengend.

Variante: Von Spalt aus auf demselben Weg wieder zurück. Das verkürzt die Fahrzeit etwa um eine Dreiviertelstunde und erspart vor allem den steilen Anstieg zum Massenberg.

Anfahrt: *ÖPNV:* Mit der S-Bahn S 3 oder der Regionalbahn R 6 von Nürnberg Hbf nach Roth, Fahrradmitnahme möglich.

Entlang der Rednitz

Nachdem wir unsere Räder in Nürnberg in einen Regionalexpress oder eine S-Bahn gepackt haben (Vorsicht, nicht alle Bahnen der S 3 fahren bis Roth, einige nur bis Schwabach, wo man dann auf die nächste warten muss.), verlassen wir den Rother Bahnhof in Richtung von Gleis 1. Auf dieser Seite der Gleise befindet sich auch ein kleiner Busbahnhof. Mit dem Bahnhof im Rücken fahren wir nach rechts; bis Georgensgmünd ist die Markierung Rednitz-Rezat-Weg ausschlaggebend. Kurz darauf geht es rechts in einen Parkplatz, gegen Ende des Parkplatzes wieder rechts über die Gleise. Wir fahren weiter an der Straße entlang, dann durch ein Wohngebiet. Nach etwa 500 Metern geht die Straße in einen asphaltierten Weg über, kurz darauf in einen geschotterten Waldweg. Wir fahren geraume Zeit zwischen den Bahngleisen auf der rechten und der Rednitz auf der linken Seite. Nach etwa eineinhalb Kilometern unterqueren wir die Schienen und fahren rechts vom Bahndamm weiter. Kurz darauf erreichen wir eine Ortsverbindungsstraße. Hier fahren wir links und gleich wieder rechts. Sodann passieren wir unser erstes Hopfenfeld und erreichen die Ortschaft Unterheckenhofen. Noch vor dem Ortsende führt die Markierung halb links ab, ausgeschildert ist hier auch Bernlohe. Wir fahren nun auf einem schmalen Pfad durch die Rednitzwiesen. Kurz darauf geht es leicht bergan, danach zweigt die Markierung wieder halb rechts nach unten ab. Bei der nächsten Gabelung halten wir uns rechts und erreichen dann die Ortschaft Bernlohe. Kurz nach dem Ortseingang führt der Geh- und Radweg Georgensgmünd wieder rechts ab. An der Hauptstraße geht es nun aus dem Ort hinaus. Bei Oberheckenhofen stoßen wir auf die erste Skulptur des Gmünder Skulpturenweges, die Plastik »Erhobene Schwere, Gebündelte Kräfte«. Wir fahren an weiteren 14 Skulpturen vorbei. Hopfenfelder säumen den Weg an der Landstraße entlang, bis wir nach gut zwei Kilometern das Ortsschild von Georgensgmünd erreichen. Hier überqueren wir die Straße und folgen der Markierung weiter in den Ort. Der Ort blickt auf eine 700-jährige Geschichte zurück und gehörte lange Zeit zur Markgrafschaft Ansbach. Von 1560 bis 1938 lebten hier Juden, die zeitweise ein Drittel der Bevölkerung stellten. Mit einer Synagoge, einem Totenwasch-

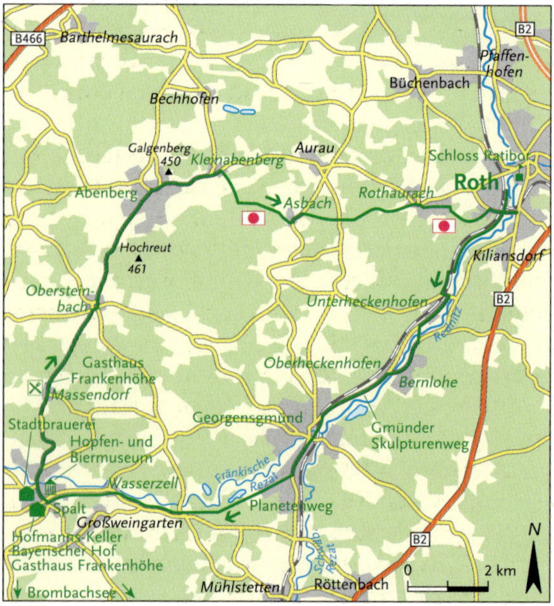

haus, einem Friedhof und zwei Ritualbädern ist ein komplettes Ensemble jüdischen Lebens erhalten geblieben. Der Friedhof diente auch den jüdischen Nachbargemeinden als Begräbnisstätte. Auf einer Fläche von 11 800 Quadratmetern sind etwa 1 800 Grabsteine erhalten, die tagsüber besichtigt werden können. Im Ort geht die Tour am Bahnhof weiter. Wir fahren auf der Bahnhofstraße stadtauswärts, kurz darauf geht es halb rechts durch ein Sternentor in den Planetenweg hinein.

Das Hopfen-Universum

Seit dem Sommer 2000 finden sich auf dem Weg die Sonne und die Planeten unseres Sonnensystems im Maßstab eins zu einer Milliarde in Größe und Entfernung zueinander modellhaft dargestellt. Schnurgerade geht es auf dem asphaltierten Weg dahin, bis wir ein Kies- bzw. Quarzsandwerk passieren. Hier weisen die Markierungen Richtung Brombachsee nach links, wir fahren aber unbeirrt auf dem Planetenweg weiter geradeaus. Kurz darauf stoßen wir auf Uranus und Neptun. Bei Wasserzell kreuzen wir die Straße und fahren links wieder in den Weg hinein. Links und rechts des Weges sehen wir immer mehr Hopfenfelder, während wir die Ausläufer von Spalt durchradeln. Der Zwergplanet Pluto markiert das Ende des Planetenweges am ehemaligen Spalter Bahnhof. Wir fahren rechts über die stillgelegten Gleise und dann links auf der Straße in den Ort.

Spalt ist aus verschiedenen Gründen etwas Besonderes. Die Stadt ist das Zentrum des fränkischen Hopfenanbaus. Es ist das traditionsreichste Anbaugebiet Deutschlands, seit 1 000 Jahren wird die wertvolle Pflanze hier kultiviert. Begünstigt wird der Anbau des Aroma-Hopfens durch das milde Klima und die tiefgründigen, leichten bis mittelschweren und leicht erwärmbaren Böden der Gegend. Über die Geschichte der mühsamen Hopfenwirtschaft kann man sich im Hopfen- und Biermuseum im historischen Kornhaus gegenüber des Rathauses informieren. Auf 460 Quadratmetern erfahren Interessierte alles über Anbau, Trocknung und Vermarktung des Hopfens sowie die Lebensumstände der Hopfenpflücker in früheren Zeiten. Das Kornhaus ist auch eine der großen Spalter Sehenswürdigkeiten, ebenso wie die Stiftskirche St. Nikolaus und die Pfarrkirche St. Emmeram, mit deren Bau etwa 1130 begonnen

Das Riffelmacherhaus in Roth beherbergte früher eine Weißbierbrauerei.

wurde; einige romanische Stilmittel sind noch erkennbar. Gegenüber der Kirche führt eine Gasse zur Stadtbrauerei, einer weiteren Besonderheit in Spalt. Dieser Betrieb ist die letzte öffentliche Brauerei in Deutschland. Es handelt sich dabei um einen Eigenbetrieb der Kommune, oberster Chef der Brauerei ist der jeweilige Bürgermeister. Bis 2006 gab es auch noch eine Stadtbrauerei in Roth, die sich aber wirtschaftlich nicht halten konnte und daraufhin privatisiert wurde. In Spalt dagegen gehen die Geschäfte prächtig, das Bier ist im Großraum Nürnberg bekannt und etabliert. Es ist besonders bei Freunden herberen Geschmacks beliebt und gilt zu Recht als Aushängeschild der mittelfränkischen Brauwirtschaft. Leider gibt es keine eigene Brauereigaststätte.

Die Erkundung der sehr schönen historischen Stadt samt den Resten der Stadtmauer und des Grabens sei nunmehr jedem selbst überlassen (es gibt auch einen ausgeschilderten Rundgang). Zur Verkostung des Bieres gibt es mehrere Gasthöfe, die natürlich nur den hiesigen Gerstensaft ausschenken, oder aber den Direktvertrieb in der Brauerei. (Ein schöner Rastplatz findet sich zum Beispiel beim Museumshopfengarten gleich hinter dem Oberen Tor.)

Aufgrund der vielen Sehenswürdigkeiten in Spalt führt diese Tour nicht noch zum Brombachsee. Dieser ist aber über die Straße nach Enderndorf zu erreichen, wobei noch etliche Höhenmeter überwunden werden müssen.

Hoch hinaus und zurück

Zur Fortsetzung der Route fahren wir an der Hauptstraße bergab, stadtauswärts in Richtung Windsbach. Kurz darauf zweigt eine Straße rechts nach Massendorf ab. Wir passieren einige typische Hopfenbauernhäuser. Die Lüftungsgauben in den Dächern wurden mittlerweile eingeebnet, aber die Anzahl der ehemaligen Trockenböden ist an den Giebeln noch gut zu erkennen. Wir folgen weiter der Beschilderung nach Massendorf und sehen uns alsbald mit einer zehnprozentigen Steigung konfrontiert, Absteigen ist hier keine Schande. Nach 500 Metern ist das Schlimmste vorbei, und wir fahren auf Massendorf zu, wo man im Gasthaus Frankenhöhe auch ein Spalter Bier genießen kann. Dem Anstieg folgt nun eine rasante Abfahrt durch Hopfenfelder, so dass wir ziemlich schnell Obersteinbach erreichen. Hier folgen wir der Beschilderung nach Abenberg, nach dem Ortsende beginnt auch wieder ein Radweg rechts der Straße. Relativ entspannt legen wir die zweieinhalb Kilometer nach Abenberg zurück, wo wir noch mal kurz kräftiger in die Pedale treten müssen, bis wir am Unteren Tor auf die Rother Straße treffen. Besonders bedeutend ist der Ort wegen der Burg Abenberg, in der sich nicht nur ein Hotel, sondern auch das Haus Fränkischer Geschichte und das Klöppelmuseum befinden. Zudem verfügt der Ort über einen 95 Hektar großen 18-Loch-Meisterschaftsgolfplatz (PAR 72).

Am Stadttor fahren wir rechts auf der Rother Straße aus dem Ort hinaus in Richtung Kleinabenberg. Hier hat man sich nicht die Mühe gemacht, die Straßen mit Namen zu versehen, sondern hat sie nach dem Alphabet benannt. Am Ortsende geht die Straße D nach rechts ab, es geht bergab, zwischen Fischweihern hindurch und in einen Nadelwald hinein. Kurz darauf kommen wir an eine T-Kreuzung. Wir halten uns links und erkennen alsbald die Markierung roter Punkt, die uns fast bis zurück nach

Roth führt. Nach knapp zwei Kilometern erreichen wir den kleinen Ort Asbach, fahren an der Dorfstraße links und am Ortsende wieder halb rechts in den Wald hinein. Idyllisch geht es nun durch den Nadelwald dahin. Wir kreuzen eine Autostraße und erreichen nach weiteren zwei Kilometern Rothaurach. Wir stoßen auf die Hauptstraße und halten uns rechts. Dann biegen wir beim Feuerwehrhaus rechts in die Lohengrinstraße ein, kurz danach wieder links in die Wotanstraße und dann wieder rechts in die Tristanstraße. Diese wird kurz darauf zur Parsifalstraße und geht schließlich in einen Feldweg über. Nach gut 100 Metern kreuzt ein anderer Feldweg, wir halten uns links und fahren zunächst an einem Maisfeld, später an vereinzelten Häusern vorbei, bis wir eine Abzweigung nach rechts erreichen. Diese ist mit einem roten Ring und dem lokalen Weg Weinberg-Rednitztal markiert. Wir folgen diesen Markierungen durch den Wald und erreichen den Stadtrand von Roth am Parkplatz der Kreisklinik. Beim Kreisverkehr vor der Klinik halten wir uns rechts, es geht leicht bergab bis zu einer Ampelkreuzung, an der sowohl der Bahnhof als auch die Stadtmitte ausgeschildert sind. Auch ein kurzer Abstecher ins Zentrum von Roth lohnt sich. Größte Sehenswürdigkeit der Stadt ist das Schloss Ratibor. Es wurde 1535–38 durch Markgraf Georg den Frommen als Jagdschloss erbaut und ist eine der wenigen Anlagen der Frührenaissance, die noch spätgotische Elemente aufweisen. Erhalten sind auch Reste der Stadtmauer mit drei Toren. Das Riffelmacherhaus beherbergte früher eine Weißbierbrauerei, uns gilt es als eines der schönsten Fachwerkhäuser Frankens. Am Marktplatz kann man sich einen Kaffee oder Eisbecher gönnen.

Das Bier:

Stadtbrauerei Spalt, Brauereigasse 3, 91174 Spalt, Tel. 0 91 75/ 7 96 10, www.spalter-bier.de, da keine Gaststätte dabei, nachfolgend einige Einkehrtipps:

Hoffmanns-Keller, Windsbacher Straße 21, 91174 Spalt, Tel. 0 91 75/8 57, Öffnungszeiten variabel, Mi Ruhetag.

Bayerischer Hof, Albrecht-Achilles-Straße 2, 91174 Spalt, Tel. 0 91 75/79 60-0, Mo–Di ab 17.00 bis der Letzte geht, Mi–Do 8.00–14.00 und 17.00 bis der Letzte geht, Fr–So 8.00 bis der Letzte geht, Sept–Jun Mo und Di Ruhetag.

Gasthaus Frankenhöhe, Am Berg 2, 91174 Massendorf, Gemeinde Spalt, Tel. 0 91 75/97 60, Mo–Di ab 17.00, Mi–So ab 11.30, Do Ruhetag.

Veit Bronnenmeyer

Informationen:

Touristik-Info der Stadt Spalt, Herrengasse 10, 91174 Spalt, Tel. 0 91 75/7 96 50, www.spalt.de, hier können auch Gruppenführungen für das Hopfenmuseum gebucht werden.

Tourist-Information der Stadt Roth, Hauptstraße 1, 91154 Roth, Tel. 0 91 71/84 85 13, www.stadt-roth.de

Jüdisches Museum Georgensgmünd, Am Anger 9, 91166 Georgensgmünd, Kontakt über Stadtverwaltung, Tel. 0 91 72/70 30, www.georgensgmuend.de

Hopfen- und Biermuseum Spalt im historischen Kornhaus am Gabrieliplatz (gegenüber Rathaus), Kontakt über Touristik-Info in Spalt, während der Osterferien und von Jun–Mitte Sep jeweils Di, Fr, So und Fei 14.00–17.00, Apr, Mai und Mitte Sep–Mitte Okt jeweils So 14.00–17.00.

Haus Fränkischer Geschichte und Klöppelmuseum, Burgstraße 16, 91183 Abenberg, Tel. 0 91 78/9 06 18, www.museen-abenberg.de, Apr–Okt Di–So 11.00–17.00, Nov–März Do–So 11.00–17.00.

Karte:

Fritsch Wanderkarte Nr. 75, Nürnberg/Fränkisches Seenland.

Hopfenland Franken

Hopfen ist eine Schlingpflanze, aus deren Dolden Lupulin gewonnen wird. Es enthält Hopfenöle, Bitterstoffe und Gerbstoffe, die für den Geschmack und die Wirkung des Hopfens verantwortlich sind. Es verleiht dem Bier ein herbes Aroma, je nachdem, wie viel Hopfen zugesetzt wird und wie lange er mitsiedet. Außerdem erhöht Lupulin die Haltbarkeit des Bieres und stabilisiert den Schaum. Der Hopfen verdrängte im 15. Jahrhundert vielerorts in Franken den Weinanbau. Sowohl im Spalter Land als auch im Bamberger Raum wurde der Wein durch Hopfen ersetzt. Während in Bamberg der Anbau nach mehreren Missernten 1911 endgültig zum Erliegen kam, wird in Spalt noch heute Hopfen angebaut. Ebenfalls bedeutend in der Hopfenwirtschaft war früher das Nürnberger Land, wo noch etliche Bauernhäuser mit den charakteristischen Lüftungsgauben der Trockenböden zu finden sind. Heute bauen dort noch 18 Landwirte Hopfen an. Bamberg und Nürnberg waren außerdem die Zentren des deutschen Hopfenhandels. Noch heute gibt es in Nürnberg drei große Handelshäuser.

Die Branche befindet sich in einem Schrumpfungsprozess, da der Bierkonsum zurückgeht und neue, weniger herbe Sorten in Mode kommen. In den letzten Jahren musste die Anbaufläche deutlich reduziert werden. Das Spalter Anbaugebiet produziert heute noch 1,7% des deutschen Hopfens (zum Vergleich: die Hallertau rund 86 %), die Anbaufläche hat sich seit den 60er Jahren mehr als halbiert. Der Spalter Aroma-Hopfen ist ein Nischenprodukt, er enthält vergleichsweise wenig Bitterstoffe (Alphasäuren) und ist relativ teuer. Etwa 70 deutsche Brauereien verwenden Spalter Hopfen, mehr als die Hälfte der Produktion geht in die USA, wo unter anderem Budweiser damit gebraut wird.

Hopfenmuseen befinden sich in unserer Gegend in Spalt (Hopfen- und Biermuseum im Kornhaus), Speikern (Fränkische Hopfenscheune) und im Freilandmuseum Bad Windsheim.

Veit Bronnenmeyer

Der Hausberg der Nürnberger

27

Tour: Kurze, aber steile Tour von Leinburg auf den Moritzberg.
Länge: Ca. 7 km.
Dauer: Reine Gehzeit ca. 2 Std.
Höhenunterschied: Ca. 210 m.
Markierungen: Bis zum Moritzberggipfel roter Punkt, bis Haimendorf blauer Querstrich, bis Leinburg nicht durchgehend markiert.
Familie: Ein typischer Familienausflug.
Saison: Das ganze Jahr über hat der Spaziergang auf den Moritzberg seinen Reiz. Am 3. So im Aug feiert man auf dem Moritzberg Kirchweih. Da zeitgleich die Gemeinden am Fuße des Moritzberges ebenfalls ihre Kirchweih begehen, wird allerhand geboten. Empfehlung: der traditionelle Gottesdienst um 9.00 mit anschließendem Frühschoppen.
Anfahrt: Am besten mit *Kfz*: Über die A 6 Ausfahrt Altdorf/Leinburg.

Seit Generationen das Lieblingsziel der Städter

Steigt man in der Metropolregion Nürnberg-Fürth auf einen Kirchturm und blickt Richtung Osten, sieht man nur eine einzige Erhebung. Nicht sehr beeindruckend sieht sie aus, aber doch so etwa wie ein Berg, gleichmäßig von allen Seiten, bewaldet und fast wie einer Modelleisenbahn-Landschaft entnommen und ins Nürnberger Land gesetzt: der Moritzberg.

Ihn besteigen seit Generationen von allen Seiten Nürnberger Familien, um ihren Kindern die Wanderfreuden näher zu bringen. Aber seien wir ehrlich: Die Berghütte auf dem Gipfel spielt für die Eltern wahrscheinlich keine unerhebliche Rolle. Machen wir uns also auf, um den Hausberg der Nürnberger zu erkunden und zudem eines der beliebtesten Biere im Nürnberger Land zu verkosten.

Zu Deutschlands wahrscheinlich tiefster Berghütte

Ausgangspunkt ist die Brauerei Bub in Leinburg, die nach unserer Rückkehr zur Einkehr einlädt. Leinbürg hieß der Moritzberg früher, erst über die Wallfahrten zu Ehren des heiligen Mauritius kam er über Mauritiusberg zu seinem heutigen Namen Moritzberg. Von der Brauerei Bub aus gehen wir Richtung Altdorf, bis uns das Wanderzeichen roter Punkt nach links in die Fenngasse weist. Es geht bereits bergan. Ein großes Straßenschild zeigt nach rechts und am Ende der Straße nach links in die Lindenstraße. Der rote Punkt begleitet uns.

Schließlich endet die Teerstraße und geht in einen schmalen Wiesenpfad über. Wir verlassen Leinburg und laufen ein kurzes Stück zwischen Büschen und Bäumen hindurch, ehe wir auf offenen Wiesen und Feldern wandern. Unser Wiesenweg stößt am Fuße des Moritzberges auf eine kleine, gut ausgeschilderte Teerstraße, der wir nach rechts folgen. Schon 100 Meter weiter geht die Straße wieder in einen Feldweg über, der nach 20 Metern links abbiegt und auf den Moritzberg zustrebt.

Wir erreichen den Wald. Nach wenigen Metern geht es nach links. Dann Achtung: Wieder nur einge Meter später wenden

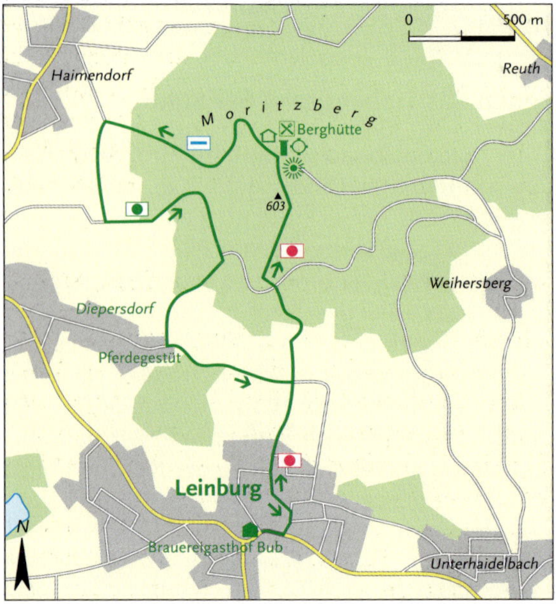

Holzvorräte für den harten, alpinen Bergwinter

wir uns nach rechts. Der rote Punkt führt uns bei etwas Aufmerksamkeit sicher.

Jetzt heißt es, alle Kräfte zu mobilisieren: Der Anstieg zum Moritzberg hat von dieser Seite dann doch fast etwas alpinen Charakter. Querende Wege ignorieren wir und steigen steil bergan. Schließlich aber sind wir auf dem Gipfel, halten uns links, und irgendwie ist hier dann eine Berghütte doch am rechten Platz, auch wenn eine Baumgrenze noch lange nicht in Sicht ist. Durch den dichten Wald sehen wir bereits einige wenige Häuser.

Ein wenig Bergromantik und Geschichte auf 603 Metern

Neben einem Privathaus – nach dem Zweiten Weltkrieg eine Relaisstation des amerikanischen Militärradiosenders AFN – finden wir auf dem Gipfel eine Gastwirtschaft, eine Kapelle und den Hindenburg-Turm. Eigentlich wollte Ludwig I. auf dem Moritzberg 1841 eine Walhalla errichten, ähnlich der berühmten Walhalla an der Donau. Gereicht hat es aber nur zum Hindenburg-Turm, der dann auch erst 1913 fertiggestellt wurde.

Die heutige Berghütte und Gastwirtschaft war das Haus eines Einsiedlermönches, der sich um die Kapelle kümmerte.

1419 erbaut, ist sie dem heiligen Mauritius geweiht und beliebt bei jungen Paaren. Oft trifft man hier ausgelassene Hochzeitsgesellschaften. Gemütlich sitzt man bei Brotzeit und Bier in der Gaststube oder dem Garten. Ausgeschenkt wird kein örtliches Bier, so dass wir zwar rasten, unseren Durst aber für das beliebteste Bier im Nürnberger Land aufsparen. Dafür kann man hier oben Jodelseminare besuchen und – ganz im Sinne von Loriot – wahrscheinlich sogar ein Jodeldiplom ablegen.

Eine Runde um den Moritzberg

Rechts am Hindenburg-Turm vorbei verlassen wir den Gipfel und nehmen mit dem blauen Querstrich den Abstieg in Angriff. Wieder geht es steil bergab. Viele Wege queren, wir lassen uns nicht beirren und wandern mit unserer Markierung durch den Wald hinab. Schließlich treten wir am Fuß des Moritzberges aus dem Wald und sehen Haimendorf vor uns liegen. Noch ehe wir den Ort erreichen, folgen wir einem Schotterweg Richtung Diepersdorf nach links und beginnen, den Moritzberg zu umwandern. An einer Teerstraße angelangt, wenden wir uns nach links und gehen auf den Moritzberg zu, steigen nochmals ein Stückchen an und tauchen in den Wald ein. In einer Rechtskurve biegt der grüne Punkt nach links ab, wir aber bleiben auf dem breiten Weg, der sich entlang des Moritzberges zieht. An einer T-Kreuzung wenden wir uns schließlich wieder abwärts und erreichen den Ortsrand von Diepersdorf. Wir gehen auf einem Teersträßchen, das vorbei an Stallungen und Pferdekoppeln führt, nach links und verlassen Diepersdorf. Bald schon sehen wir rechts Leinburg liegen und finden nach etwa 400 Metern die Stelle wieder, an der wir, von Leinburg kommend, den Moritzberg erklommen haben.

Der Bub und sein Kult-Bier: »Leidu«

Das Leinburger Dunkel der Brauerei Bub – »Leidu« sagt der Einheimische – hat bis nach Nürnberg hinein einen ausgezeichneten Ruf. Es gilt unbestritten als das beste Bier in der näheren Umgebung. Seit 1617 wird beim Bub – der ältesten Privatbrauerei im Nürnberger Land – gebraut. Kein Wunder also, dass sich hier auch die Leinburger selbst mit den Wochenendausflüglern treffen. Der Brauereigasthof bietet natürlich die typischen Spezialitäten. Braten, Schäufele und Bratwürste mit Sauerkraut und Klößen stehen auf der Speisekarte. Dienstags gibt es Schlachtplatte mit Blut- und Leberwürsten. Und natürlich die große Palette der Leinburger Biere: Helles, Pils, Weizen, Lager und das berühmte Dunkle. Hopfig und frisch ist es gebraut und hat deutlich mehr Kohlensäure als die oberfränkischen Verwandten.

Um in der Leinburger Gegend jemals mitreden zu können, muss man dieses Bier nicht nur kennen, sondern auch schätzen und es zu jeder Gelegenheit loben und preisen. Aber das fällt auch nicht schwer.

Das Bier:

Brauereigasthof Bub – bei Belle, Marktplatz 14, 91227 Leinburg, Tel. 0 91 20/98 02, tägl. ab 16.30–24.00 oft auch 1.00, Di, So auch 11.30–14.00, Mi und 1. Do im Monat Ruhetag. Leinburger Dunkel (»Leidu«), Helles, Pils, Weizen, Lager.

Reinhard Weirauch

Informationen:

Touristen-Information Frankenalb, Waldluststraße 1, 91207 Lauf, Tel. 0 91 23/95 02 54.

Karte:

Fritsch Wanderkarte Nr. 75, Nürnberg/Fränk. Seenland.

28 Festung und Kanone

Tour: Historisch interessante Halbtagestour von Schnaittach zur Festung Rothenberg und zum Glatzenstein.
Länge: Ca. 9 km.
Dauer: Reine Gehzeit ca. 3 Std.
Höhenunterschied: Ca. 200 m, steile Anstiege zur Festung und zum Glatzenstein.
Markierungen: Von Schnaittach bis zum Glatzenstein roter Querstrich, dann lokaler Wanderweg mit gelber 4 zurück nach Schnaittach.
Familie: Im Winter bietet der Rothenberg tolle Möglichkeiten zum Rodeln und einen der längsten Skilifte Mittelfrankens. Die Festung fasziniert mit ihren Kasematten auch Kinder.
Saison: Ganzjährig reizvoll.
Anfahrt: *Kfz:* Über die A 9 Ausfahrt Schnaittach. *ÖPNV:* Mit der Regionalbahn (Richtung Simmelsdorf-Hüttenbach) alle 2 Std. ab Nürnberg Hbf nach Schnaittach.

Auf die Bastionen

Die Tour startet am Schnaittacher Bahnhof. Wir wenden uns auf der Straße direkt davor mit dem Bahnhof im Rücken nach rechts in nördliche Richtung und folgen der Markierung roter Querstrich. Nach etwa 200 Metern überquert der Weg die Bahngleise und der Anstieg beginnt. Durch Streuobstwiesen mit Kirsch-, Apfel- und Zwetschgenbäumen geht es mäßig steil bergauf. Linker Hand taucht alsbald der kleine Skilift auf. Wir folgen der Markierung bis zum Berggasthof Rothenberg, links vom Gebäude geht es über Stufen hinauf, bis die Bastionen der Festung zu sehen sind.

Die Wälle sind bis zu 22 Meter hoch. Das Bauwerk wurde von 1729–1750 vom bayerischen Kurfürsten auf den geschleiften Resten einer Burg aus dem 13. Jahrhundert errichtet. Schnaittach war samt der Festung lange Zeit eine bayerische Exklave im Territorium der Freien Reichsstadt Nürnberg. Daher ist die Gemeinde Schnaittach bis heute eine der wenigen im Landkreis mit überwiegend katholischer Bevölkerung. Entsprechend diente die Festung dem Schutz der Grenze gegen die Franken. Mit dem Ende des Heiligen Römischen Reiches kam Nürnberg zu Bayern, und die Grenzfestung verlor ihre strategische Bedeutung. Sie wurde zu einem berüchtigten und gefürchteten Festungsgefängnis. 1840 wurde die Festung aus Kostengründen von Ludwig I. aufgelassen und alles, was irgendwie verwertbar war, verkauft oder entwendet. Ehemalige Festungssteine befinden sich heute in vielen Häusern der Umgebung und angeblich sogar im Nürnberger Hauptbahnhof. Die Anlage verfiel zusehends. Dass die letzte Rokoko-Festung Europas sich heute wieder einigermaßen ähnlich sieht, ist vor allem dem Heimat- und Verschönerungsverein in Schnaittach zu verdanken, der seit Ende des 19. Jahrhunderts am Erhalt des Bauwerks arbeitet. 1966 übernahm zudem die Bayerische Schlösserverwaltung die Ruine und trägt ebenfalls zum Wiederaufbau bei. Seit dem Ende der 90er Jahre wird am Erhalt der Wehrköpfe gearbeitet. Inzwischen sind zwei Drittel der ober- und unterirdischen Veste wieder begehbar und können in den Sommermonaten besichtigt werden. Die Führung durch die Kasematten dauert etwa eine Stunde und lohnt einen Besuch, ebenso wie der Ausblick über das Schnaittachtal.

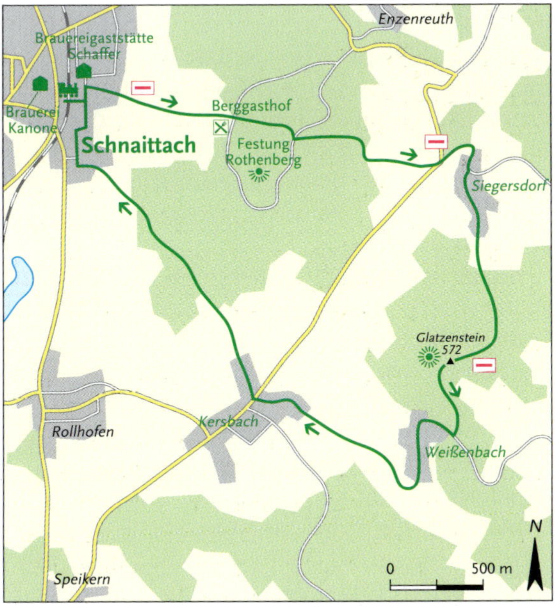

Auch ohne Besichtigung der Festung Rothenberg hat die Tour im Winter ihre Reize.

Teufelszimmer, Friedhof und Glatzenstein

Viele Sagen und Legenden ranken sich noch heute um die Festung. Meistens geht es dabei um Spuk und Geister. So gibt es zum Beispiel eine Legende über einen Oberst, der sich einst im Teufelszimmer, einem Gemach im ehemaligen Kommandantenhaus, erschoss und dessen Seele danach ruhelos im Gemäuer umhergeirrt sein soll. Die Posten hörten ihn immer wieder zwischen den Bastionen stöhnend hin und her wandeln. Manchmal klirrte es auch wie von eisernen Rüstungen und Schwertkämpfen.

Sicher ist, dass der Oberst auf dem Festungsfriedhof bestattet wurde. Die unheimlich und verwunschen anmutenden Gräber befinden sich im Wald südlich der Veste. Interessierte können zu dem Soldatenfriedhof absteigen (ausgeschildert), müssen dann aber wieder zurück, da unser Weg der Markierung roter Querstrich in westlicher Richtung folgt. Der Weg führt uns über einen malerischen Abstieg hinunter nach Siegersdorf. Wir durchqueren den Ort auf der Teerstraße. Am Ortsende beginnt bereits der nächste Anstieg zum Glatzenstein. Der enge und stellenweise steile Weg führt in ca. 20 Minuten auf den Gipfel. Kurz davor stoßen wir auf einen archäologischen Wanderweg, der die Aufmerksamkeit interessierter Wanderer zum Beispiel auf die Überreste eines frühzeitlichen Kalkbrennofens zu lenken vermag. Vom Gipfelkreuz des Glatzensteins bietet sich abermals eine herrliche Sicht über das Tal und die Festung. Bei gutem Wetter reicht der Blick bis Nürnberg. Die Felskanzel des Massivs fällt 50 Meter steil ab. Kletterfreunde finden hier über 20 Kletterrouten der Schwierigkeitsgrade vier bis neun. Direkt unterhalb des Aussichtsfelsens befindet sich eine unzugängliche Höhle, in der antike Scherben aus dem 6. vorchristlichen Jahrhundert gefunden wurden.

Zum gemütlichen Teil

Von hier an folgen wir dem lokalen Wanderweg mit der Markierung gelbe 4 (eigentlich weiße 4 auf gelbem Grund). Recht flott geht es bergab durch den kleinen Ort Weißenbach nach Kersbach. In Kersbach überqueren wir die Landstraße und biegen in den Festungsweg ein. Der Weg führt nun gemütlich am Fuße des Rothenbergs entlang zurück nach Schnaittach und kommt exakt beim Bahnhof wieder heraus.

In Schnaittach gibt es zwei Brauereien: Kanone und Schaffer. Die Brauereigaststätte der Schaffer-Brauerei wird zurzeit von einem italienischen Pächter betrieben (Ristorante Romana). Das urige kleine Bräustüberl der Kanone-Brauerei liegt unweit des Marktplatzes, ist bestenfalls 25 Quadratmeter groß und verfügt über vier bis fünf Tische. Hier erwarten uns Helles, Zwickl und Pils vom Fass. Das Kanone-Bier ist aus der einen oder anderen Lokalität in Nürnberg schon bekannt. Nach einer Wandertour vor Ort schmeckt es aber nochmal besser. Im Bräustüberl gibt es außerdem Brotzeiten und gegebenenfalls auch warme Speisen (Verhandlungssache).

Zwischen Schnaittach und Neunkirchen am Sand liegt außerdem die Brauerei Wolfshöhe, ebenfalls mit eigener Gaststätte und gehobener fränkischer Küche.

Das Bier:

Brauerei Kanone, Bayreuther Straße 3, 91220 Schnaittach (vom Marktplatz Richtung Simmelsdorf), Tel. 0 91 53/3 66, www.brauerei-kanone.de, Mo–Fr 7.00–18.00, Sa 8.30–12.30, So Ruhetag. Helles, Zwickl und Pils vom Fass.

Brauereigaststätte Schaffer (Ristorante Romana), Badstraße 5, 91220 Schnaittach, Tel. 0 91 53/2 53, tägl. außer Mo 11.30–14.00 und 17.00–23.00.

Privatbrauerei Wolfshöhe, Zur Wolfshöhe 3, 91233 Neunkirchen am Sand, Tel. 0 91 53/40 40, www.wolfshoeher.de, »Vollmondbier«, das nur zu Vollmond gebraut wird, hopfiges Pils und vollmundiges »Rammler-Bier«.

Veit Bronnenmeyer

Informationen:

Gemeinde Schnaittach, Hauptverwaltung/Fremdenverkehr, Marktplatz 1, 91220 Schnaittach, Tel. 0 91 53/40 90, www.schnaittach.de

Festung Rothenberg, Tel. 0 91 53/40 91 21, in den Sommermonaten (Apr–Okt) Besichtigungen tägl. außer Mo von 10.00–18.00 zur vollen Stunde.

Extras:

Jüdisches Museum Schnaittach, Museumsgasse 12–16, 91220 Schnaittach, Sa, So 11.00–17.00. Führungen jeden 1. So im Monat um 14.00, Führungen für Gruppen und Schulklassen nach Vereinbarung auch außerhalb der Öffnungszeiten, Tel. 0 91 53/74 34. Synagoge, Ritualbad sowie Rabbiner- und Vorsingerhaus. Die Synagoge wurde 1570 erbaut und 1735 erweitert. Die Sammlung umfasst sowohl Objekte des religiösen Rituals als auch zahlreiche Gegenstände des Alltags einer jüdischen Landgemeinde. Das Ensemble ist in dieser Art für Deutschland einmalig.

Karte:

Fritsch Wanderkarte Nr. 53, Naturpark Fränkische Schweiz, Blatt Süd.

Karstkunde und Brauerei-kommune 29

Tour: Auf dem karstkundlichen Wanderweg um Neuhaus.
Länge: Ca. 14 km.
Dauer: Reine Gehzeit ca. 4 Std.
Höhenunterschied: Ca. 100 m, einige Anstiege.
Markierungen: Grüner Punkt.
Familie: Aufgrund der Länge nicht für kleinere Kinder geeignet, die Höhlen und die Steinerne Stadt versprechen aber reichlich Attraktionen. Festes Schuhwerk ist unbedingt erforderlich, Taschenlampen sind von Vorteil.
Saison: Bei Nässe und im Winter aufgrund teilweise schwieriger Wege ungeeignet.
Anfahrt: *Kfz:* Auf der A 9, Ausfahrt Plech. *ÖPNV:* Ab Nürnberg Hbf mit dem Pendolino bis Neuhaus.

Am Anfang Wasser

Wir starten mit dem Bahnhof von Neuhaus im Rücken und wenden uns nach rechts. Der übergroße Komplex der Kaiser-Brauerei jenseits der Gleise sollte dabei nach Möglichkeit ignoriert werden. Neben der Hauptstraße führt ein Fußweg in die Stadt, die Markierung grüner Punkt ist schon zu erkennen. Im Ort überqueren wir die Pegnitz. Gleich danach führt der Weg rechts am Fluss entlang zum Startpunkt des karstkundlichen Wanderpfades. Die Gegend um Neuhaus ist wie die Fränkische Schweiz ein Karstgebiet, welches sich durch Ablagerungen eines Urmeeres gebildet hat. Charakteristisch für den Karst ist, dass die Wasserläufe zunehmend unterirdisch abfließen und dabei immer weiter sinken. So kommt es zur verstärkten Bildung von Höhlen und Grotten. Hier am Startpunkt des Weges befindet sich auch eine kleine Kneipp-Anlage nebst Trinkbrunnen, der zum Befüllen eventuell noch leerer Wasserflaschen einlädt. Der Weg führt zwischen dem Flusslauf und vereinzelten Häusern hindurch und schließlich aus dem Ort hinaus. Wir überqueren eine Landstraße und folgen der Markierung grüner Punkt in einen Feldweg. Kurz darauf treffen wir auf die erste Station des karstkundlichen Wanderpfades, die Distlergrotte, die sich etwas oberhalb des Weges befindet. Dabei handelt es sich um ein etwa 90 Meter langes Höhlensystem, an dessen tiefstem Punkt sich das Grundwasser in Form eines kleinen Höhlensees sammelt. Zur Besichtigung der Höhle benötigt man festes Schuhwerk und mindestens eine Taschenlampe. Der Abstieg zum See ist gefährlich und sollte nur von erfahrenen Höhlengängern und keinesfalls alleine gewagt werden.

Durchs Trockental zu Mysteriengrotte und Maximiliansgrotte

Wir folgen dem Trockental (durch Versickerung eines ehemals oberirdischen Wasserlaufs entstanden) etwa 600 Meter. Dann gabelt sich der Weg, die Markierung grüner Punkt führt uns links in einen Nadelwald. Kurz darauf erreichen wir die nächste Station des karstkundlichen Weges: die Mysteriengrotte. Diese ist mit 12 mal 16 Metern weit weniger spektakulär, dafür aber auch (vor allem mit Kindern) gefahrlos zugänglich. Wir folgen der Markierung weiter, überqueren eine Landstraße, halten uns kurz links, bis der Weg wieder nach rechts abgeht. Nach etwa

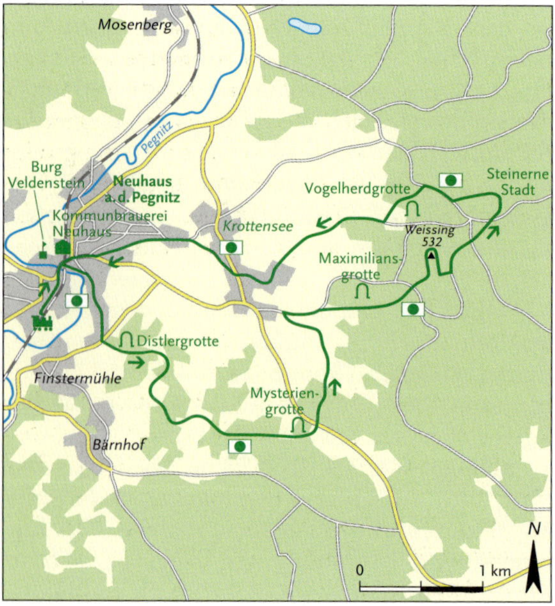

Durch die Trockentäler des Karstes zogen sich einst Wasserläufe.

anderthalb Kilometern durch Wald und Felder stoßen wir abermals auf eine Teerstraße. Wir befinden uns nun am Ausgang der Ortschaft Krottensee. Hier wenden wir uns rechts und gehen gute 500 Meter an der Straße entlang. Schließlich führt die Markierung grüner Punkt wieder halb rechts in einen Feldweg. Kurz darauf verlassen wir den Hauptweg und gehen, weiter der Markierung folgend, links in den Wald. Nach einem kurzen Abstieg erreichen wir die Maximiliansgrotte. Diese ist die größte Höhle auf unserer Tour. Sie ist 1200 Meter lang und beherbergt mit dem Eisberg den größten Tropfstein Deutschlands. Besichtigungen sind von März bis November mit einer Führung möglich.

Zur Steinernen Stadt

Nach der Maximiliansgrotte führt uns der Weg durch den Buchenwald über die Weissingkuppe, den mit 531 Metern höchsten Punkt der Tour, zu einem geschotterten Forstweg. Hier wenden wir uns links, bis wir kurz darauf eine größere Forststraße erreichen. Wir gehen kurz links und dann wieder rechts der Markierung grüner Punkt nach in den Wald. Nach einem kurzen, aber steilen Aufstieg erreichen wir die Steinerne Stadt.

Zwei große Pilzfelsen, die Zwei Brüder, bilden ein natürliches Stadttor. Die Steinerne Stadt ist ein stark zerklüftetes Felsmassiv des Weißen Juras. Die markanten Pilzfelsen entstehen dadurch, dass das untere Gestein weicher ist und schneller verwittert als der oben liegende, harte Riffkalk. Die Steinerne Stadt bietet sich als Platz für eine kurze Rast an und ermöglicht Kletterfreuden ganz ohne Haken, Seile und Magnesium.

Der Weg führt uns weiter bergab und dann wieder bergauf etwa einen Kilometer durch den Wald, bis zur Vogelherdgrotte. Diese ist eine Höhlenruine in Form einer Felsenhalle mit zwei Eingängen. Wir folgen der Markierung weiter durch den Wald, dann über eine Wiese bis auf eine Teerstraße. Diese führt leicht bergab, der Weg geht kurz darauf wieder über Wiesen und Felder in den Ort Krottensee. Auf der Hauptstraße wenden wir uns rechts und gleich wieder links. Über einen Fußgängerweg kommen wir in ein Neubaugebiet. Wir halten uns links und bei der übernächsten Straße wieder rechts, immer dem grünen Punkt nach. Am Ende des Neubaugebietes sehen wir bereits die Burg Veldenstein und folgen der Markierung zurück zur Pegnitz.

Jetzt den Zeugl suchen

Nachdem wir den Fluss überquert haben, empfiehlt sich ein Abstecher in den Ort. Es mag ein Zufall oder ein kausaler Zusammenhang sein, dass sich ausgerechnet in Neuhaus neben der größten Privatbrauerei im Nürnberger Land die alte Tradition der Kommunbrauerei erhalten hat. Noch heute üben drei Familien das Braurecht im Brauhaus aus. Das Braurecht geht auf einen Erlass aus dem 17. Jahrhundert zurück. Jeder Nebenerwerbswirt schenkt sein Bier aus, solange der Vorrat reicht, dann kommt der nächste an die Reihe. Wer gerade dran ist, klappt den Zeugl (von Zeiger = sechszackiger Stern) aus. Die Gaststätten befinden sich allesamt in der Altstadt. Die Familien Benaburger, Döth und Reindl schenken jeweils eine Sorte Bier aus, zum Essen gibt es Brotzeiten und kleine Gerichte. Die »diensthabende« Gaststätte ist durch den ausgeklappten Stern zu erkennen.

Das Bier:
Kommunbrauerei Neuhaus, Plecher Straße 5, 91284 Neuhaus/Pegnitz, Tel. 0 91 56/14 25, tägl. 9.00–1.00.

Veit Bronnenmeyer

Informationen:
Stadt Neuhaus, Verkehrsamt, Postfach 9, 91284 Neuhaus, Tel. 0 91 56/9 29 10.
Distlergrotte: Apr–Sep zugänglich.
Maximiliansgrotte: Mitte März–Nov tägl. geöffnet, Mo Ruhetag, Führungen stündlich 10.00–17.00.

Extras:
Burg Veldenstein (1269 erstmals urkundlich erwähnt), 91284 Neuhaus/Pegnitz, Tel. 0 91 56/6 33, Di–So 9.00–18.00, Mo nach Vereinbarung.

Karte:
Fritsch Wanderkarte Nr. 53, Fränkische Schweiz, Blatt Süd.

30 Nürnbergs Biergeschichte und neue Blüten

Tour: Wirtshaus-Spaziergang durch Nürnberg.
Länge: Eine Tour, die je nach Interesse beliebig verkürzt und verlängert werden kann.
Dauer: Reine Gehzeit ca. 1 Std.
Höhenunterschied: Fast keiner.
Saison: Zu jeder Jahreszeit attraktiv.
Variante: In vielen Varianten denkbar.
Anfahrt: Guter Ausgangspunkt ist der Nürnberger Hbf.

Bierblüten in Frankens Metropole

Es ist erst gut 100 Jahre her, da waren Nürnbergs Brauereien Exportweltmeister, weit vor München und Kulmbach. Nürnberger Bier war bekannt, beliebt und neben Bratwürsten und Lebkuchen eine echte Spezialität. Die Brauereien Reif, Tucher, Lederer, Henninger und Zeltner waren erfolgreich und bekannt. Die Zeiten haben sich mit der Industrialisierung und nach dem Zweiten Weltkrieg grundlegend geändert. Die Großen schluckten die Kleinen und wurden von noch Größeren geschluckt. Der Kapitalmarkt veränderte die Nürnberger Brauereienlandschaft grundlegend. Die Marken Lederer, Tucher und Patrizier gibt es noch, doch eine Recherche, in welchen Kesseln welches Bier nach welchen Rezepten gebraut wird, ist ebenso mühsam wie unergiebig.

Da wundert der Trend nicht, dass kleine, fränkische Privatbrauereien zunehmend die Stadt erobern. Kein gut sortierter Getränkemarkt kommt mehr ohne Biere aus Kleinbrauereien aus. »Meister«, »Krug«, »Rittmayer« oder die »Schwarze Anna« sind nur einige der Sorten, die zunehmend auch in Szenekneipen ausgeschenkt werden. Die ländlichen Brauereien verschlafen die Trends nicht und füllen dunkle Biere in 0,33-Liter-Flaschen ab. Trendy eben, ohne anzubiedern. Eigentlich ist das ein kleines Wunder, fränkischer Sturheit geschuldet, und auch ein Statement gegen Bier-Globalisierung. Und ein zweiter Trend wird klar: Kleine selbständige Brauereien können bestehen, wenn sie ihren Gästen das Erlebnis Bier anbieten können.

Das Besondere und Originelle

Vom Nürnberger Hauptbahnhof ist es nur ein Katzensprung die Königstraße entlang bis zum Brauhaus Barfüßer. Diese kleine Brauerei setzt ihr Konzept bereits seit 1994 um. Im Gewölbekeller der Mauthalle hat sie ideale Räumlichkeiten gefunden, auch wenn hier nie Bier gelagert wurde. Die Halle diente als Kornspeicher. Das Prinzip, selbstgebrautes Bier in einer Brauerei-Originalität vermittelnden Atmosphäre und Örtlichkeit auszuschenken, scheint zu funktionieren. Das Bier, die »Barfüßer Blonde«, ist ein unfiltriertes Bier, auch das eine Anleihe aus den Landbrauereien.

Die ganze Vielfalt

Über die Theatergasse kommen wir an die Pegnitz und den Kinokomplex Cinecitta. Hier liegt versteckt die Restauration Kopernikus am und im Kasemattentor nebst Turm. Das Ambiente ist hier original historisch. Ein Biergarten auf (!) der Stadtmauer und dem Kasemattentor, ein Turmsaal und eine Gastwirtschaft gehören dazu. Hier kann man fünf fränkische Biere verkosten: »Meister« (Unterzaunsbach), »Krug« (Breitenlesau), »Penning« (Hetzelsdorf), »Lindenbräu« (Gräfenberg) und »Spalter Bier«. Darüber

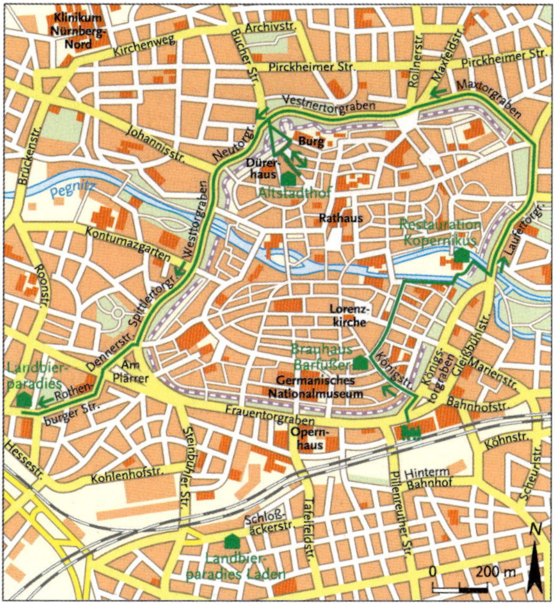

hinaus das polnische »Zywiec« und »Gutmann-Weizen« aus Titting. Man kommt auf seine Kosten, zumal auch die Speisen deftig sind. Ein Besuch des Kopernikus gehört inzwischen zum Standard, möchte man Gästen die fränkische Biervielfalt näherbringen.

Echtes Erleben

Folgt man der Stadtmauer gegen den Uhrzeigersinn, trifft man erst auf die Nordseite der Nürnberger Burg und geht dann durch das Tiergärtner Tor ins Stadtzentrum. Hier, unweit Dürerhaus und Burg, hat Braumeister Reinhard Engel 1998 den Altstadthof eingerichtet. Die kleine Hausbrauerei ist durch die 1-Liter-Bügelflasche bekannt geworden, die bei Großveranstaltungen beinahe schon das Stadtbild prägt. Auch hier wird Bier als Erlebnis inszeniert. Führungen, Bierverführungen, aktuelle Events und treffende Werbesprüche: Marketingbemühungen sind schon nötig, um sich im Einflussgebiet der Großbrauereien über Wasser zu halten. Das tut aber dem guten Bier und dem gemütlichen Ambiente keinen Abbruch, wenn man sich nicht scheut, mit Touristen an einem Tisch zu sitzen. Die prominente Lage bringt es mit sich.

Das ganz große Testen

Am anderen Ende der Stadtmauer blüht eine weitere Regionalbierblume. Beim Plärrer der Rothenburger Straße folgend sieht man bald rechts das Gasthaus Landbierparadies. Um die 30 fränkischen Biere sind im Angebot. Das Konzept des Landbierparadieses hat den Trend zu guten und individuellen Bieren aus Franken im richtigen Moment erkannt und ist höchst erfolgreich. Inzwischen gibt es vier Paradiese in Nürnberg und eins in Fürth. Angefangen hatte alles mit einem Laden für Regionalprodukte. Auch den Laden gibt es noch, hier kann man die Biere auch fass- oder kastenweise erstehen.

Weniger erstaunlich als vielmehr erfreulich ist dieser Trend, der nicht nur den Kunden freut und zu größerer Vielfalt führt, sondern auch das fränkische Brauereiensterben der 80er Jahre weitgehend aufgehalten hat.

Das Bier:
Brauerei Barfüßer, Hallplatz 2, 90402 Nürnberg, Tel. 09 11/ 20 42 42, tägl. 11.00–2.00, durchgehend warme Küche bis 23.30. »Barfüßer Blonde« (unfiltriert).

Ideale Kulisse für ein gutes Bier: die Nürnberger Altstadt

Restauration Kopernikus, Hintere Insel Schütt 34, 90403 Nürnberg, Tel. 09 11/2 42 77 40, www.restauration-kopernikus.de, Apr–Sep tägl. 12.00–24.00, bei Regen und Okt–März 17.00–24.00, So ab 12.00. »Meister«, »Krug«, »Penning«, »Lindenbräu«, »Spalter Bier«, »Zywiec«, »Gutmann-Weizen«.

Altstadthof Nürnberg, Bergstraße 19/21, 90403 Nürnberg, Tel. 09 11/2 44 98 59, www.altstadthof.de, tägl. 11.00–1.00.

Landbierparadies, Rothenburger Straße 26, 90443 Nürnberg, Tel. 09 11/2 87 86 73, www.landbierparadies.com, tägl. 17.30–1.00, So, Fei ab 10.00. 30 fränkische Biere.

Landbierparadies, Laden, Galgenhofstraße 60, 90459 Nürnberg, Tel. 09 11/43 94 42 40, www.landbierparadies.com, Mo–Fr 10.00–18.30, Sa 9.00–16.00.

Reinhard Weirauch

Informationen:

Tourist Information Nürnberg, Königstraße 93, 90402 Nürnberg, Tel. 09 11/2 33 61 32.

Der Verein Geschichte für Alle e. V. bietet einen Stadtspaziergang mit dem Titel: Rotes Bier und blaue Zipfel, Tel. 09 11/30 73 60.

Karte:

Falk Stadtplan Nürnberg.

Die Autoren

Veit Bronnenmeyer (rechts im Bild) wurde 1973 in der »heimlichen« Bierhauptstadt Kulmbach geboren. Er wuchs in Lauf bei Nürnberg auf und studierte nach Abitur, Zivildienst und Schreinerlehre Sozialwesen in der »unheimlichen« Bierhauptstadt Bamberg. Zurzeit ist er als Projektmanager beim Schul- und Bildungsreferat der Stadt Fürth tätig, wo er auch lebt. Im Nebenberuf ist Veit Bronnenmeyer freier Schriftsteller. Als Ausgleich schätzt er Wanderungen und Radtouren durch die fränkische Heimat und vor allem die anschließende Einkehr in einer authentischen Gastronomie. Bisher erschienen bei ars vivendi von ihm die Kriminalromane *Russische Seelen* und *Zerfall*.

Reinhard Weirauch (links im Bild) verdient seine Schäufele als professioneller Verfasser von Sachtexten und als Mitarbeiter des Stadttheaters Fürth. Zum Bier kam er als Freund des Wanderns durch Durst bei warmem Wetter. Aus Franken traut er sich gelegentlich hinaus, freut sich aber immer schon wieder auf die Rückkehr. Er ist Co-Autor von *Badeseen in Mittelfranken*, *Der Ausflugs-Verführer Fränkische Schweiz* und *Jakobswege in Franken*.

Register

Die Brauereien, Brauereigasthöfe, -häuser und -keller:

Auf alten Pilgerpfaden

▷ Beschauliche Orte, einsame Pfade und einmalige Kulturlandschaften: Der berühmteste europäische Pilgerweg führt direkt durch Franken und bietet beste Voraussetzungen, um den Alltag zu vergessen. Egal, ob Sie eine mehrtägige Wanderung oder nur einen Sonntagsausflug unternehmen wollen, *Jakobswege in Franken* begleitet Sie auf 17 Etappen, z. B. von:

- Lichtenfels nach Nürnberg
- Nürnberg nach Rothenburg o. d. T.
- Würzburg nach Rothenburg o. d. T.

S. Arenz / N. Stadelmann / R. Weirauch
Jakobswege in Franken
Klappenbroschur, 144 Seiten
ISBN 978-3-89716-532-8

ars vivendi

Seenzauber in Franken

▷ Sonnige Strände, wilde Schluchten, weite Ausblicke – die Region um den Großen und Kleinen Brombachsee, Igelsbachsee, Altmühlsee und Rothsee ist schon lange ein Geheimtipp für Familienurlauber aus ganz Deutschland. 30 Genießer-Touren im Fränkischen Seenland laden Sie ein, z. B. zum:

- Lustwandeln im Schloss Dennenlohe
- Schnuppersegeln auf dem Brombachsee
- Stadtrundgang mit Weißenburgs Nachtwächterin
- Gipfelglück mit Huhn
- Canyoning für Anfänger

G. Lipsky / B. Neukam / U. Ritzer
Der Ausflugs-Verführer Fränkisches Seenland
Klappenbroschur, 176 Seiten
ISBN 978-3-89716-701-8

ars vivendi